DUOWENHUA SHIJIAO XIA DE
DAXUE YINGYU JIAOXUE YANJIU

# 多文化视角下的
# 大学英语教学研究

岳进 孙元龙 范秋芳 ◎著

中国出版集团
中译出版社

图书在版编目（CIP）数据

多文化视角下的大学英语教学研究／岳进，孙元龙，
范秋芳著. -- 北京：中译出版社，2024. 6. -- ISBN
978-7-5001-7982-5

Ⅰ. H319. 3

中国国家版本馆 CIP 数据核字第 20246SM467 号

多文化视角下的大学英语教学研究

DUOWENHUA SHIJIAO XIA DE DAXUE YINGYU JIAOXUE YANJIU

著　　者：岳　进　孙元龙　范秋芳
策划编辑：于　宇
责任编辑：于　宇
文字编辑：田玉肖
营销编辑：马　萱　钟筱童
出版发行：中译出版社
地　　址：北京市西城区新街口外大街 28 号 102 号楼 4 层
电　　话：（010）68002494（编辑部）
邮　　编：100088
电子邮箱：book@ctph. com. cn
网　　址：http://www. ctph. com. cn

印　　刷：北京四海锦诚印刷技术有限公司
经　　销：新华书店
规　　格：710 mm × 1000 mm　1/16
印　　张：13. 5
字　　数：210 千字
版　　次：2025 年 3 月第 1 版
印　　次：2025 年 3 月第 1 次印刷

ISBN 978-7-5001-7982-5　　定价：　68. 00 元

# 前　言

在文化多元化不断发展的今天，各学科之间相互影响、相互交融。英语已经成为社会交流中必不可少的技能，是世界各国政治、文化、经济交流的重要工具。

当今人类社会已经进入了信息化时代，通信技术、交通工具高速发展，不同文化背景下的人们之间的交往变得日益频繁。在这样的背景下，一个偌大的世界变成了一个小的"地球村"。作为国际性语言，英语凸显了其自身的重要地位。但是，由于各国的思维方式、价值观念、风俗习惯等存在着明显差异，文化认同具有独特性，因此给外语学习者带来了一定的困难，他们不仅需要学习语言，而且需要学习语言背后所蕴含的文化。简单来说，语言学习就是文化学习。

在多文化视角下，大学英语文化教学不应当仅仅看中语言知识，更应当重视的是英语这一语言的文化内涵。高校应当对英语教学重视起来，引导学生了解更多西方先进的思想和文化，激发学生的英语学习兴趣和动力。教师应当想出更恰当的教学策略，努力培养学生的英语文化素养，培养综合型人才。

本书是一本关于多文化视角下的大学英语教学方面的书籍：首先对大学英语教学进行简要概述，介绍大学英语教学的原则、目标与方法；其次对多文化视角下的大学英语教学的相关问题进行梳理和分析，包括多文化视角下大学英语教学基础理论、多文化视角下大学英语教学模式构建、多文化视角下大学英语听力与口语教学、多文化视角下大学英语阅读、写作与翻译教学；最后在多文化视角下对大学英语教学发展策略提出了一些建议，旨在摸索出一条适合多文化视角下的大学英语教学的科学道路，帮助其工作者在应用中少走弯路，运用科学的方法，提高效率。

　　由于作者水平有限，书中难免会出现不足之处，希望各位读者和专家能够提出宝贵意见，以待进一步改进，使之更加完善。

作者

2024 年 4 月

# 目　录

第一章　大学英语教学概述 ································· 1

　　第一节　大学英语教学的关系与原则 ··············· 1

　　第二节　大学英语教学的目标 ····················· 14

　　第三节　大学英语教学的模式与方法 ··············· 19

第二章　多文化视角下大学英语教学基础理论 ············· 28

　　第一节　多元视角下大学英语教学理念与目标 ········· 28

　　第二节　多元视角下大学英语教学方法与模式 ········· 35

第三章　多文化视角下大学英语教学模式构建 ············· 57

　　第一节　多文化背景下的大学英语文化教学 ··········· 57

　　第二节　大学英语教学中多文化教育及实施途径 ······· 64

　　第三节　多文化交际下的大学英语教学模式构建 ······· 70

第四章　多文化视角下大学英语听力与口语教学 ··········· 91

　　第一节　多文化视角下大学英语听力教学 ············· 91

　　第二节　多文化视角下大学英语口语教学 ············· 112

第五章　多文化视角下大学英语阅读、写作与翻译教学 ······· 119

　　第一节　多文化视角下大学英语阅读教学 ············· 119

第二节　多文化视角下大学英语写作教学 …………………………… 124

第三节　多文化视角下大学英语翻译教学 …………………………… 132

第六章　多文化视角下大学英语教学发展策略 …………………… 146

第一节　多文化视角下大学英语教学的未来展望 …………………… 146

第二节　媒体融合视角下大学英语教学评价与自主学习 …………… 160

第三节　大学英语教学中跨文化交际能力的培养 …………………… 167

第四节　跨文化教育背景下大学英语教师专业能力发展 …………… 188

参考文献 ……………………………………………………………… 207

# 第一章 大学英语教学概述

## 第一节 大学英语教学的关系与原则

### 一、大学英语教学的基本关系

#### （一）英语与汉语之间的关系

汉语是中国人的母语，儿童和少年在开始学习英语前就已经能够比较好地使用汉语进行交际。也就是说，他们已经掌握了一定量的汉语词汇和基本语法，具备了使用汉语进行听说和读写的能力。而英语对他们来说是一门需要学习的语言，是目标语。在谈到母语和目标语之间的关系时，人们经常谈到的是"迁移"的问题。迁移本来是一个心理学术语，指在学习过程中学习者已有的知识或技能会对新知识或技能的获得产生影响。

迁移是英语学习者经常采用的一种学习策略，它指学习者利用已知的语言知识，去理解新的语言。这种现象在英语学习的初级阶段出现得最频繁，因为学习者对英语的语法规则还不熟悉，此时只能依赖汉语，所以汉语的内容就会很容易被迁移到英语中。如果母语对目标语的学习起到了积极的影响，这种现象就被称为正迁移。如果母语对目标语的学习起到了消极的影响，则被称为负迁移。在迁移现象的研究中，有三种主要的理论：对比分析假说、标记理论和认知理论。对比分析学派认为，母语和目标语的差异会导致负迁移的发生。

学生在接触一门目标语时会发现该语言的有些特征相当容易掌握，而掌握另外一些特征则极其困难。其中，与其母语相似的成分简单，而相异的成分困难。除了母语和目标语的异同，在考察语言的迁移问题时，还要考虑母语在什么阶段、在什么条件下影响目标语的学习。这里要提及两个重要的非语言因素，其对母语知识对第二语言习得的干扰有着重要的影响：一是环境；二是学习阶段。从学习阶段来看，在初学阶段，学习者由于缺乏足够的目标语知识，在表达中往往更多地依赖母语，因此这一阶段有可能较多地出现母语知识的负迁移。在我国，学生学习英语的过程中，语言迁移表现在语音、词汇和句法等各个层次上。

1. 语音迁移

语音迁移是语言迁移中非常明显也很持久的现象。人们普遍认为第一语言对第二语言习得具有很强的影响，最明显的证据就是第二语言学习者的外国口音。英语和汉语分属不同的语系，两者在语音方面存在很大的差异。第一，汉语是一种声调语言，用四声辨别不同的意义。而在英语中，语调起着非常重要的作用，这一点很容易给使用方言的学生造成特殊的语音语调的困难。第二，英语和汉语的音素体系差别较大，两种语言中几乎没有发音完全一样的音素。

2. 词汇迁移

初学英语的人很容易认为英语和汉语的词汇存在着一一对应的关系，每个汉语词汇都可以在英语中找到相应的单词。其实，一个单词在另一种语言中的对应词可以有几种不同的意义，原因是两种语言的语义场不相吻合，呈现重叠、交叉和空缺等形式。例如，汉语中的"重"在英语里有"heavy"与之对应，但是"heavy"的意义与"重"并不是完全吻合的，"heavy"的词义有很多并不是汉语中的一个"重"字所能概括的。初学英语的人往往会把汉语的搭配习惯错误地移植到英语中，于是出现了许多不合乎英语表达习惯的句子。英汉两种语言文化的差异也会导致两种语言词汇意义的差异。除少量的科技术语、专有名词在两种语言中意义相当外，其他词汇的含义在两种语言中都或多或少存在着差异，这些差异都有可能导致负迁移现象的发生。

3. 句法迁移

句法就是组词造句的规则，也就是传统所说的语法。英汉两种语言在句法方面有一些相同之处，同时也存在着很大的差异。第一，汉语是一种分析性语言，没有严格意义上的形态变化，主要通过词序和虚词的使用来表达各种句法关系。英语和汉语的这种差异很容易导致中国的英语学习者在学习时遇到困难，尤其是对初学者来说，他们很容易受到汉语的影响，在使用英语时忘记词汇形态的变化。例如，名词的单复数、代词的主格与宾格形式、动词的时态变化等。第二，英语重形合，句子中的词语和分句之间常通过语言形式手段（如关联词）来表达意义和逻辑关系；汉语则重意合，其意义和逻辑关系往往通过词语和分句的意义表达。受此影响，我国学生在使用英语时常按照汉语的习惯，只是简单地把一连串的单句罗列在一起，不用或者很少使用连词。另外，英语和汉语在静态与动态方面也呈现出一定的差异。

英语多倾向于用名词，因而叙述呈静态；而汉语多用动词，其叙述呈动态。例如，"He is a good eater and a good sleeper." 这个句子中只用了 "eater" 和 "sleeper" 两个名词，而相对应的汉语应该是 "他能吃能睡"。如果要求学生把这个汉语句子译成英语，他们首先想到的会是 "He eats and sleeps well."。英语名词化的特点使许多学生感到不适应，在写作中这一点表现得最为突出。

迁移并不总是坏事。有时候，由于英汉两种语言之间存在着很多相似或者吻合的地方，我国学生在学习英语时可以利用已有的汉语知识，促进英语的学习。例如，汉语中的形容词都位于它所修饰的名词之前，而英语也同样如此，当学生学习了 "beautiful" 和 "flower" 两个词之后，就会很自然地说出 "beautiful flower"。英语和汉语句子结构的相似性也使正迁移成为可能，英语和汉语中有五种基本的句型是相同的。

一个民族的母语是其民族特征之一，母语教学对培养学生的爱国主义情感具有重要的意义。如果因英语的学习而忽视了母语的学习，就会导致严重的后果。所以，在处理汉语和英语的关系方面应该注意以下两个问题：

（1）在全社会重视英语教学的同时，绝对不要忽视汉语的学习

经济的全球化和科学技术的国际化已经成为新的时代特征，英语作为国际交往中最为重要的交流与沟通工具，其重要性已经为越来越多的人所认识。目前，中国人学英语的热情空前高涨，从咿呀学语的幼儿到白发苍苍的老人，学习英语者不计其数。从幼儿园一直到大学，英语教育都是教育主管部门和学校领导所关注的重点之一。与此同时，国内外各个层次的英语考试也为英语学习的热潮推波助澜。另外，为了满足人们学习英语的需求，各种各样、丰富多彩的教学方法、

学习用书、教育音像制品和学习软件也应运而生。这对于创造良好的英语学习环境、培养具有国际竞争能力的高素质的人才、提高我国在国际竞争中的实力来说无疑是好事。但是这样的环境很容易给人们，尤其是学生和许多家长造成一种错觉，认为英语比汉语还重要，从而忽视汉语的学习。不重视英语是错误的，因重视英语而忽视了对自己母语的学习也同样是不正确的。

（2）克服负向迁移，促进正向迁移

在对待汉语和英语之间的关系方面，有两种截然相反但都不可取的态度。一种是依靠汉语来教授英语，这显然是不可取的。英语教学的目的首先是培养学生使用英语进行交际的能力。学生必须通过大量接触英语和使用英语才能获得这种能力。而英语教学的课时有限，要想在有限的课时内，最大限度让使学生接触和使用英语，就必须尽可能地使用英语进行课堂教学。对于我国的英语学习者来说，汉语是母语，学生在学习英语时会自觉或不自觉地将英语与汉语进行比较，如果在教学过程中过多地采用汉语，学生就会很难摆脱对汉语的依赖，养成一种以汉语做"中介"的不良习惯，在听、说、读、写等语言活动中会不断地把听到的、读到的及要表达的英语先转换成汉语，这样就很难流利地使用英语，也不可能写出或讲出地道的英语。另外一种是完全摆脱汉语，全部用英语教学。这不但难以做到，而且也是不可取的。英语课堂上使用汉语要注意以下两点：一是汉语作为教学手段，使用方便、易于理解，但是不能过度使用汉语。在解释某些意义抽象的单词或复杂的句子时，如果没有已经学过的词汇可以利用，可以使用汉语进行解释。另外，也可以对发音要领、语法等难以用英语解释的内容使用汉语进行简要的说明。二是在教学中将英语和汉语进行比较，可以提高教学的预见性和针对性。某些内容为英语特有，学生学起来就比较困难，教师应该有针对性地将其作为教学的重点，适当地增加练习量。对于两种语言中相似但是又不相同的内容，学生很容易受到汉语的干扰，教师在教学过程中也要多加注意。

（二）语言知识与语言技能之间的关系

语言知识包括语音、词汇、语法三个方面的内容。语言知识是综合英语运用能力的有机组成部分，是发展语言技能的重要基础。使学生掌握一定的英语基础知识是英语教学的基本目标之一。语言是交际的工具，以声音、符号为物质外壳。人通过发音器官发出声音，从而达到交际的目的。在英语学习中，语音和语法、构词法、拼写都有关系。很好地掌握语音，不但有利于听说技能的获得，而且也有助于语法和词汇的学习。英语中的词汇包括单词和习惯用语。

"词"这一概念是我们非常熟悉的，但是对词下一个准确的定义却不容易。语言学家对词下定义时说法不一、措辞不同。概括来说，词是语音、语意和语法三者特点的统一体，是语句的基本结构单位。每个词都有一定的语音形式。在口语中，主要以语音对词进行区分。每个词都有一定的意义，这些意义又可以被分为字面意义和隐含意义两种。字面意义就是词的"本义"，隐含意义则是指词的本义以外的意义，即附加意义。

在一个词的所有含义中，有些含义可能是文化背景、社会背景、性别或年龄相同的人所共同认可的，另外一些含义则因使用者个人经历的不同而不同。每个词都有一定的语法特点，在句子中充当一定的功能。词的功能的改变有可能会引起词义的变化，如"He tore down the hill. Three enemy planes downed."，第一句中的"down"是介词，其词义表示方位，"沿着……往下"；而第二句中的"down"是动词，表示"打下"的意思。英语中的习惯用法又称习语，具有语义的统一性和结构的固定性两个特点。习惯用法是固定的词组，在语义上是一个不可分割的统一体，其整体意义往往不能从组成该用语的各个单词的意义中推测出来。词汇是构筑语言的材料，尽管具有大的词汇量并不意味着一定会具有高的语言能力，但是，要想具备较好的语言技能就必须掌握足够的词汇。

语法是一种关于语言的结构的描述，说明词和短语等如何结合起来形成句子。语言是词的一种线性排列，这种排列不是任意的，而是遵循一定的规则，这种规则是为本语言社团所共同接受的。不同的语言具有不同的语法，汉语与英语的语法就具有很大的差异，所以，英语学习者要想使用英语进行交际就必须遵守英语的语法规则。

语言技能指运用语言的能力，包括听、说、读、写四个方面，其中说和写被称为产出性技能，而读和听被称为接受性技能。听是区分和理解话语的能力，即听并理解口语语言的含义；说是应用口语表达思想、输出信息的能力；读是认和理解书面语言，即辨认文字符号并将文字符号转换为有意义的信息输入的能力；写是运用书面语表达思想、输出信息的能力。听、说、读、写是学习和运用语言必备的四项基本语言技能，是学生进行交际的重要形式，是他们形成综合语言运用能力、获取信息和处理信息的重要基础与手段。

语言知识和语言技能都是语言能力的组成部分，都是语言学习的目标。两者之间相互影响、相互促进。语言知识是发展语言技能的基础，不具备一定的语音知识、不掌握足够的词汇、不了解英语的语法，就不可能发展任何的语言技能，而语言知识往往可以通过听、说、读、写活动的过程来感知、体验和获得。

在英语教学中，处理语言知识和语言技能这两者之间的关系时，应该注意以下三点：

1. 兼顾语言知识与语言技能，防止厚此薄彼

语言知识和语言技能都是语言能力的组成部分，都是英语教学的基本目标。交际教学法是在批判传统的语法翻译教学法的基础上建立起来的，其中一个主要的原因在于传统的教学方法过分地强调语言知识（主要指语法）的传授，而忽视了语言技能的培养。语言知识是能力的基础，认为强调语言技能就可以忽视语言知识的看法也是不对的。语言的综合能力是多方面的，除了语法知识，还有社会语言学能力（如在完成某些言语行为时如何才算得体）、语篇能力（如观察和使用各种衔接手段和照应手段等）和策略能力（也就是交际策略，如在交际中遇到困难时使用某些手段回避等）。这就意味着语法还要学，不学语法，语言技能就无从谈起；学习语法不是为了掌握某种理论体系，而是为了正确地使用语言，而且不仅要保证语言的语法规范，还要保证其社会文化规范；语言能力不仅是关于单个句子的，还是关于语篇的。当然，英语教学不能停留在知识的传授和学习上，要把语言知识的学习与语言技能的培养有机地结合起来，语言知识的学习要有利于提高语言技能的质量，而在发展语言技能的同时，也不能忽视语言知识的学习。

2. 语言知识的教学要立足于语言实践活动

传授语言知识并不意味着要单纯地讲解语言知识，尤其是在基础英语教学阶段，应主要通过听、说、读、写等实践活动来学习英语。因此，语言技能的训练是教授语言知识的基本途径。语言知识的教学可以采用提示、注意和观察、发

现、分析、归纳、对比、总结等方式进行，要有意识地让学生参与到上述过程中，使学生在学到语言知识的同时，还能得到科学的思维方法的训练。

3. 听、说、读、写四项技能协调发展，不能截然分开

对于英语初学者来说可以从听、说开始学习，但是读、写要很快跟上。在处理四项技能之间的关系时，应该注意防止两种错误的倾向：一是不让学生接触书面材料的纯"听说法"是不可取的，也是不符合中国人学英语的国情的，原因是我国学生学英语时最容易创造的还是阅读的输入环境；二是一味地强调客观条件，片面地夸大读、写的重要性，容易导致"哑巴英语"和"聋人英语"的出现。

## 二、大学英语教学的基本原则

### （一）交际性原则

语言是交际的工具，人们主要通过语言来交流思想、传递信息。交际是在特定语境中说话者和听话者、作者和读者之间的意义转换，包括口语和书面语两种交际形式。交际总是发生在一定的语境之中，需要两人以上参与才能产生。学习英语的首要目的就是使用英语进行交际，而英语教学的首要目标就在于培养学生的交际能力。交际能力的核心就是能够运用所学的语言知识在不同的场合下与不同的人进行有效的、得体的交际。因此，教师在英语教学中首先要贯彻交际性原则，使学生能运用所学的英语与人进行交流。所以，教师在英语教学过程中需要做到以下四点：

1. 充分认识英语课程的性质

英语是一门技能培养型课程，所以，教师要把语言作为一种交际的工具来教、来学、来使用，而不是把教会学生一套语法规则和零碎的词语用法作为语言教学的最终目标，要使学生能用所学的语言与人交流、获取信息。在教学过程中，教、学、用三个方面构成一个有机的相辅相成的统一体，其核心在于使用。因此，教师应转变以往陈旧的教学观念，认清课程的性质，这是落实交际性原则首先需要解决的问题。

2. 创设情景，开展多种形式的丰富多彩的交际活动

语言是交际的工具，而交际总是发生在特定的情景中。情景包括时间、地点、参与者、交际方式、谈论的题目等要素。在某一特定的情景中，讲话者所处的时间、地点及自身的身份都会影响其说话的内容、语气等。因此，在基础英语教学中，要使教学的内容置于一种有意义的情景之中。而且，在一定的情景下学习英语，可以让学生身临其境，提高学生学习英语的兴趣、英语教学活动要充分考虑交际性的特点，结合教材的内容，尽量利用各种教具，创设各种与学生生活密切相关的情景，进行英语交际训练活动。这样不仅能够使学生学有兴趣，学有成效，还能够让学生做到学用结合。

3. 培养学生语言使用的得体性

英语教学的首要目标在于培养学生进行有效交际的能力。传统的英语教学只偏重语法结构的正确性，而根据交际性原则，学生要具备良好的交际能力，需要能够在适当的时间、适当的地点，以适当的方式，向适当的人，讲适当的话。这一点与上面一点密切相关。教师教学要创设情景，开展多样的交际活动，课堂游戏、讲故事、猜谜语、编对话、角色扮演、话剧表演、专题讨论或者辩论等都有助于学生在所创设的情景中充分表现自己，从而掌握地道的语言。

4. 精讲多练

课堂的工作不外乎讲和练两种，前者是指讲授语言知识，后者是指进行语言训练。在课堂上，适当地讲授一些语言知识是必要的，可以提高学习的效率。就如同学习游泳一样，在下水之前，讲解一些注意事项、游泳的动作要领有助于提高在水里训练的效率。英语首先是一种技能，而技能只有通过实际训练才能获得。因此，教师必须清楚，讲解的目的在于帮助学生更好的训练。在语言训练的过程中要针对学生的具体问题进行"画龙点睛"式教育。这不仅有利于学生语言交际能力的培养，还有助于学生养成良好的学习与思维习惯。教师在进行必要的讲解后，还要给学生留出足够的训练时间。

（二）兴趣性原则

**1. 充分了解学生的生理与心理特点，尊重学生的主体性**

学生是学习的主体，是整个学习过程的核心承载者。基础英语教学要从学生的心理和生理特点出发，改变传统的学习方式，让学生通过体验和实践进行学习。传统的语言学习方式要求学生在初级阶段学好音标和语法，记住一定量的词汇。如今的英语课程必须从学生的心理特点和生理特点出发，遵循语言学习规律，从改变学生的学习方式入手，通过听做、说唱、玩演、读写和视听等多种活动方式，达到培养学生兴趣、使其形成语感和提高交流能力的目的。

**2. 防止过于强调死记硬背、机械性操练的教学倾向**

英语学习需要一定的死记硬背和机械性操练的活动，但过多的机械性操练很容易导致课堂教学变得死板与乏味，容易使学生降低甚至失去学习英语的兴趣。为此，应该重视对教学过程的科学设计，科学安排知识内容和学习策略，努力创设技能实践所需要的真实情景，以营造启发学生思维的教学环境，帮助学生通过各种渠道获取知识，加速知识的内化过程，使他们能够在听、说、读、写等语言交际实践中灵活运用语言知识，变语言知识为英语交际的工具。这样，在获得交际能力的同时，学生的综合素质也会得到相应的提高，学生的学习兴趣才会得到巩固与加强。

**3. 挖掘教材，激情引趣**

教材是英语教学的核心，教师要想最大限度地调动学生的积极性，就要在备课时认真研究教材，挖掘教材中的兴趣点，使每节课都有新鲜感，都有让学生感兴趣的内容和活动。

**4. 培养学生的自信心和成就感**

对于学生来说，学习兴趣的保持在很大程度上取决于学习的效果，取决于他们能否获得成就感。因此，教师要善于发现学生的进步，多鼓励和表扬，通过多种激励方式，如奖品激励、任务激励、荣誉激励、信任激励和情感激励等，鼓励学生积极参与、大胆实践，使其体验成功的喜悦。

### （三）灵活性原则

灵活是兴趣之源，灵活性原则是兴趣性原则的有力保障。语言是生活的必要组成部分，是一个充满活力、不断发展的开放性系统。语言本身的性质及学生的自身特点要求教师在英语教学中遵循灵活性原则，要在教学方法、语言学习和语言使用方面做到灵活多样、富有情趣。

1. 教学方法的灵活性

在英语教学史上曾经出现过许多种不同的教学方法和流派，如语法翻译教学法、视听教学法、交际教学法等，每种方法都有其自身的优势与不足，教师应该兼收并蓄、集各家所长，切忌拘泥于某种所谓流行的教学方法。英语教学包括语言知识和语言技能两个方面，语言知识包括语音、词汇、语法等内容，不同的语音、不同的词汇、不同的语法项目都具有不同的特点。语言技能包括听、说、读、写四个方面，其中又包括许多微技能。而学习者的个体差异也是千差万别的。因此，在英语教学过程中要综合学生、教学内容及教师自身的特点，创造性地开展多种多样的教学活动，充分体现教学方法的多样性和灵活性，使英语课堂新鲜、有趣，从而激发学生学习英语的热情，挖掘学生的潜能。教学的内容也要体现多样性，不仅要教英语，还要教学习方法。

2. 语言学习的灵活性

教学方法和教学内容的灵活性可以有效地带动英语学习的灵活性。要努力改变以往死记硬背的机械性学习方法，帮助学生探索合乎英语语言学习规律和符合学生生理特点、心理特点的自主性学习模式，使学生能够自我导向、自我激励、自我监控，要做到静态、动态结合，基本功操练与自由练习结合，单项练习与综合练习结合。教师可以通过布置大量的实践练习，为学生建立良好的语音、语调、书写和拼读的基础，并能用英语表情达意，开展简单的交流活动，开发学生听、说、读、写及综合运用语言的能力。

3. 语言使用的灵活性

英语学习的关键在于使用，教师要通过自身对英语灵活的使用来带动学生使用英语。教师应尽可能多地用英语组织教学、用英语讲解、用英语提问、用英语布置作业等，让学生感到他们所学的英语是活的语言。英语教学的过程不应只是学生听讲和做笔记的过程，还应是学生积极参与、运用英语来实现目标、实现愿望、体验成功、感受快乐的，有意义的交际活动过程。另外，教师还可以通过布置灵活性的作业使学生灵活地使用英语。作业的布置应侧重实践能力，如可以让学生轮流运用英语进行值日报告，陈述和评议时事、新闻等。

### （四）宽严结合的原则

所谓的英语教学中的宽与严是指如何对待学生在学习过程中出现的语言错误，也就是如何处理准确和流利之间的关系。英语学习是一个漫长的内化过程，学生从开始只懂母语，一直到最后掌握一种新的语言，需要经过许多阶段，从中介语的观点来看，在掌握新语言前的各个阶段，学生所使用的语言都是一种过渡性语言；它既不是母语的翻译，又不是将来要学好的目标语。这种过渡语免不了会有很多的错误。传统的分类方法将这些错误分为语法错误、词汇错误和语言错误。语法错误又被进一步分为冠词错误、时态错误、语态错误等。这种分类方法主要基于语言形式，而忽视了语言在交际中的使用。对于各种错误的分析是对语言习得进行研究的重要课题，通过对这些错误进行分析，可以发现学生的学习方法，其实这些方法也正是学生产生这些错误的原因。

第一个原因是迁移。许多人都想当然地认为迁移是英语学习者产生错误的主要原因，但是许多研究表明，母语干扰造成的错误在所有错误中占的比例并不高。第二个原因是过度概括。学习者对所学的语言结构进行概括，然后创造出一些错误的结构。对待这些错误有两种极端的做法是不可取的。一种极端的做法是把语言错误看得非常严重，"有错必纠"。这些人认为处于英语学习初期的学生一定要学到正确的东西，如果对学生的语言错误听之任之，一旦养成习惯就很难改过来了。这一类教师在学生讲英语时往往会抓住学生的错误不放，这样很容易挫伤学生学习英语的积极性，使他们十分害怕犯错误，久而久之就不敢开口说英语了。另一种极端的做法是对学生的语言错误视而不见。这些人认为熟能生巧，只要多说就能慢慢地自我克服这些错误。这类教师强调的是学生语言的流利程度，结果导致学生毫不注意语言的准确性。出现语言错误是学习英语过程中的必经阶段。"出错—无意识错误—出错—意识错误—出错—自我纠正错误"对每一个英语学习者来说都是必经之路，没有这个过程英语就不可能达到流利的程度。因此，要鼓励学生不怕出错，而且要耐心地倾听学生"碎片式"的英语，并给予纠正指导。

一方面，教师要坚持用正确的语言熏陶学生；另一方面，当学生的语言错误影响到信息的传递时，要在鼓励的前提下进行必要的纠正，从而保证以后学生使用英语时的准确性。也就是说，在英语教学中，教师应该采取宽严结合的原则：当以交流为目的时，对学生的语言错误采取宽容的态度；当以语法学习为目的时，则采取严格的态度。这样宽严结合，既保证了学生具有扎实的语言基础，又有利于鼓励学生大胆地使用英语。宽严结合的原则实际上就是要正确处理准确和流利之间的关系。"没有准确，流利就失去基础"的说法只强调了准确的重要性，正确的态度应该是"既要强调准确性，又要重视流利程度"。对于初学者，不要过分纠正其语言中的错误，而要更多地鼓励他们使用英语进行交际；对于中等以上的学习者，可以适当地纠正其语言中的偏差，但是要以不打击他们的学习积极性为前提。换句话说，学生英语学习得越深入，越要强调准确性。此外，学生在写作文或在课堂上演讲时，则应该强调准确性。

（五）输入输出原则

输入是指学生通过听和读接触英语语言材料，输出则是指学生通过说和写来进行表达。心理语言学研究表明，输出建立在输入的基础之上。在此意义上，输入是第一性的，输出是第二性的。一方面，人们在学习英语的过程中，能理解的总是比能表达的要多。换言之，人们能听懂的永远比能说的要多；而能读懂的又比能写的多。也就是说，我们能欣赏小说、散文和诗歌等优秀的文学作品，但我们自己并不一定能写出来。另一方面，语言输入的量越大，语言输出的能力就越强。也就是说，我们听的东西越多、我们读的东西越多，我们的表达能力也会越强。

第一个特点是可理解性。如果学生不能理解所输入的语言，那么这些输入无异于噪声，是不能被接受的。第二个特点是趣味性或恰当性。所输入的语言材料还要使学习者感兴趣。要使学生对语言输入感兴趣，最好使他们意识不到自己是在学英语，把注意力放在意义上。第三个特点是足够的输入量。目前的英语教学严重地低估了语言的输入量的重要性。要习得一个新句型单靠做几个练习、读几段语言材料是远远不够的，还需要数小时的泛读及更多的讨论。所以，教师在教学过程中应该注意以下三点：

1. 尽可能多地让学生接触英语

要通过视、听和读等手段，多给学生可理解的语言输入，如音像材料的示范和贴近学生日常生活与学习、适合学生的英语水平、具有时代特色的读物等。另外，学生学习的内容不要局限在课本之内，教师应该打破课内外的界限，帮助学生扩大语言接触面。

2. 输入内容和输入形式多样化

学生接触的英语既要有声，又要有图像，还要有文字，而且语言的题材和体裁及内容要广泛，来源要多样化。比如，在日常生活中，每天都会接触到很多英文，文具、衣服、道路标志、电器等上面都有英文。如果我们能利用这些场景，学生就能轻轻松松地学到英语知识。另外，教师还要注意根据语言输入的分类，尽可能地为学生提供多种形式的输入。

3. 符合学生实际情况

为学生提供的语言材料要符合学生的实际情况，要符合可理解性、趣味性与恰当性的要求。当然，仅仅依靠语言的输入是不可能掌握英语、形成综合运用英语的能力的，还需要通过口头和笔头的表达来检验与促进语言的学习。在增加可理解的语言输入的同时，还要在理解的基础上不断进行有效的实践活动。这些实践活动在基础英语教学中包括一定的模仿练习。学习语言的确需要模仿，问题的关键在于如何模仿和模仿什么。如果只是机械地模仿，只注意语言的形式，并不能保证学习者能在生活中真正地使用语言。比如，只要求学生注意语音、语调的准确，死记硬背句型结构，而没有使学生真正了解这些句型结构所表达的含义，学生就无法在课外使用。模仿的对象最好是模拟生活中的真实情景，注意语言结构所表达的内容，才是有效的模仿。尤其是在结对练习、小组练习的时候，要让学生根据实际的情况使用所学习的语言，这样学生才能把声音和语言的意义结合起来。英语教学的研究人员还提出，不仅要有"可理解的输入"，还要有"可理解的输出"。

# 第二节　大学英语教学的目标

## 一、帮助学生理解英语

"教师使学生懂英语"的过程是一个使能过程，但不是使学生掌握技能和学习本领，像学会开车和修理机器一样，而是使学生动脑筋，学习语言知识。学生的学习过程不是一个行为过程，而是一个心理过程，教学的中心仍然是学生。但是，在英语学习中，学生不是要学会做事，而是要扩展思维活动，获得新的知识。教师的任务是提供学生所需要的一定量的知识。这里需要考虑的是"知识"一词。学习语言通常被认为有两种方式：学习语言和学习有关语言的知识。在此，知识纯粹是有关语言的特点和运用的知识。但掌握英语语言知识也可以被称为懂英语。它既表示学会有关这种语言的知识，又表示学会说这种语言。这两种解释实际上代表了两种不同的教学模式。从第一种模式的角度讲，教学可以只让学生理解和记忆，而不必让学生进行实际的操练和实践，其重点是心理活动。从第二种模式的角度讲，学生不仅要理解和记忆所学的知识，还要学会实际的语言技能，学会把所学的知识运用到实际语言交际中。同时，还要学会在一定的文化语境中，即在目标语文化中，从事所要进行的交际活动。因此，教学的目标可以有两种：使学生学会有关语言的知识和使学生会讲这种语言。

## 二、帮助学生学会英语

在教学过程中，学生学习英语，教师帮助他们达到目的。学生是行为者，是教学的中心。教师可以采用各种各样的手段来帮助学生学习英语。但现在很多教师没有考虑学生学习的任务是什么、应该采取怎样的手段进行教学，从本质上来说，也就是未能对教学目标进行科学的限定。一般情况下，学生往往是被动开展各项学习活动的，如何转变教学思路，使学生由被动变为主动是教师应该认真思考的问题。

## 三、传授学生语言知识

在课堂教学中，教师要强化学生的交际性练习，突出语言使用能力的培养，从教授学生语言知识向培养学生交际能力转变，通过听、说、读、写的全面训练，提高学生运用英语进行交际的能力，使交际化教学与语言知识教学有机地融为一体，将语言知识更好地传授给学生。教师要注意课堂教学中角色的转换，即由当主角"讲"英语知识转移到当配角让学生"发现"英语知识。在具体教学中，要尽可能地向学生提供难度适中的语言材料，要保证学生理解语义。因为高校学生已经具备了一定的分析、判断和归纳的能力，所以如果教师在课堂上提供足够数量的恰当例句和适度的交际性练习，就能使他们掌握知识点的意义及构成规则。英语教学不提倡只向学生提供包罗万象的语法规则，教师应在积累大量语言材料的基础上引导学生在接触某语言现象后自己归纳和总结该语法项目的规则，并开展讨论，这是在"理解"之上的讨论。实践证明，如果提供机会让学生进行必要的讨论，学生的学习效率会大大提高。

## 四、发展学生的意义潜势

语言被视为一个"潜势"，或称为"意义潜势"。教学的目的是使学生掌握这一潜势，使学生会用语言来表达意义。这显然既包括使学生掌握有关语言的知识，又包括使学生掌握语言表达的能力，学会用所学的语言说话。英语知识的学习只是辅助性的，有利于促进语言学习，但不能代替语言技能的训练。英语教学的较高的目标模式应该是综合性的、以发展学生的意义潜势为主的目标模式，但最高目标应该是培养学生的跨文化交流能力。

## 五、培养跨文化交流能力

在英语教学实践中会发现，尽管在培养学生听、说、读、写语言技能的方面花费了大量心血，但教学效果并不明显。分析后就会得知，现行的围绕听、说、读、写、译等语言技能训练编写的教材及采用的教学方法存在着一定的问题。严格地说，目前大学英语教学还没有突破语言知识的掌握和语言技巧的训练的框架，学生学到更多的更多是语言表面的知识。因此，英语教学仅仅重视语言技能的训练是不够的，还必须注重交际能力的培养。实践证明，不能通过语言技能的训练自然形成交际能力。交际能力的形成除了需要语言因素，还需要社会文化能力、语境能力、行为能力等诸多要素。要想培养学生的交际能力，英语教学除了传授语言内容和进行语言技能训练，还必须努力对学生进行跨文化条件下语言能力、语用能力等的专门培养和训练，以提高学生在特定的社会文化情境中的跨文化交流能力。培养学生的跨文化交流能力是英语教学的最高目标。英语教学的过程实际上是一种文化适应的过程。一方面，它要求学生把目标语文化也就是英语文化与自身现有知识进行等值转换；另一方面，要求学生积极地理解、吸收与本国文化不同的信息。由于英语与汉语的巨大差距，学习英语不可避免地会遇到文化差异造成的障碍和困难。为了消除这种障碍，英语教学必须强化文化教学，即在教学过程中，进行相应的英语语言文化教学。从英语教学的角度讲，教授语言知识和培养语言技能是前提、是基础，而跨文化交流能力的培养是对前者的深化和提高。

## 六、大学英语教学的目标定位

### （一）以阅读为核心

在大学英语改革之前，其教学目标仅仅是注重对学生阅读能力的培养；在改革之后的教学大纲中，对学生的阅读能力培养还提出了阅读中的听、说能力，让学生将英语作为工具提高英语水平，能够用英语进行交际活动。但在大学英语教学中，阅读仍然是其教学目标的核心。

### （二）大学英语中的听说能力

在我国加入了世贸组织之后，我国和世界的交流越来越频繁，英语的重要性越发凸显出来。对大学生英语能力的要求也更高，但是具备英语能力的人才却供不应求。因为对大学生的听、说能力的培养不重视，大学英语多是哑巴英语。所以教育部门对大学英语进行了相应的改革，对教学要求也在不断地完善，最终将大学英语的教学目标明确了下来，使得学生的听、说能力也得到了应有的重视。

### （三）如何实现大学英语的教学目标

1. 大学英语教学阶段性目标

在全球化背景下，大学英语人才的培养应该以适应社会发展为目标，同时实现自我发展。这就要了解自我发展的阶段性特征，对大学生进行阶段性培养。

比如在小学阶段，学生的英语教学主要是采取启蒙教育的方式，对小学生的英语学习兴趣进行培养。而大学英语同样要培养学生的英语兴趣，只有这样，学生才能对外国的文化有兴趣，以激发学生学习英语的动力。但是，兴趣的培养应该从根本出发，不能因学习目标而加重学生学习负担，应让学生多听和多说，用英语视频和外文电影来将学生的感官充分调动起来。从模仿开始入手，对视频里的外国人说话的口吻、动作和表情进行模仿学习，与同学和教师进行对话练习。

2. 实现英语教学阶段性目标的思考

大学英语教学阶段性目标指出，要想学好英语，不是一朝一夕就能完成的任务，而是一个长期积累的过程，需要一个个阶段来完成的任务。只有将这些阶段的任务全部完成，才能实现完整的教学目标。

首先，教育部门应该不断完善大学英语教学的阶段性目标，以适应全球化的现状，明确每个阶段的英语教学课程的教学方向。

其次，在每个阶段，应该在实现大学英语教学目标时进行明确的分工，做好清晰的规划。

再次，在英语教学的同时还要重视学生自身的发展，脚踏实地地完成每个阶段的教学目标，做好每个阶段的过渡工作，以优化大学英语的教学效果。

最后，因为大学生的英语水平参差不齐，大学英语教师应该根据学生的学习特征来进行教学。在每个阶段，对于不同学习特点的学生进行个性化的教学辅导。

3. 精准定位教学目标

根据教学大纲中对学生英语词汇量的掌握情况的要求是：通过英语知识的学习，达到基础要求的学生应该掌握 4000 个左右的词汇，达到合格者的要求是掌握 5500 个左右的单词。根据小学、初中、高中对英语教学目标的推断可以得出大学英语词汇教学的基本目标是：学生能够掌握 8000～10 000 个单词。词汇量的积累是学习英语知识的基础，只有积累掌握大量词汇，才有利于提升学生的阅读能力及对文章的翻译能力。

目前，在大学教学中，对学生的写作时间、词汇量、语法的应用都有规定。这个写作要求与中学生的写作要求是一致的，不同的是，中学生掌握的词汇量不及大学生的多，因此应该提高大学英语写作教学目标。

教师可以通过四方面提升学生的技能，体现教学目标的价值。

第一，引导学生了解英语写作测试目的，准确地把握题目的要求。

第二，指导学生列提纲并进行写作。

第三，记忆经典的英语语句，并学会套用。比如：Thehard part isn't making the decision. It's living with it.

第四，记忆同个单词的不同表达方式。如"你好"这个单词的多种用法 hello、hi、there 等，"重要"可以用 important、critical 等来表示。在教学中，教师应鼓励、指导学生，利用学生所学过的日常交际用语，围绕问候、请求、打电话、看病、问路、建议、邀请等话题让学生进行简单的交流，通过这些话题培养学生的听说能力，让学生养成开口的良好习惯，进而提升学生的听说能力。

阅读是人们获取知识、信息的重要途径。在大学英语教学中应该增强英语阅读的趣味性，培养学生的阅读兴趣，提升学生的积极性。在教学的过程中，教师应鼓励学生多看、多读与英文相关的作品、杂志或电影，以此提升学生的阅读能力。通过阅读能力的提升增强其翻译能力，将其更好地应用在实际生活中，进而提升学生的应用能力。

4. 大学英语教学目标定位实现的方式

在大学英语教学中，实现教学目标主要分为以下三个方面：

（1）在大学英语教学目标的方向上实现。学校要了解国家的政策及社会对人才的需求，以实现教学目标的定位。

（2）在大学教学目标的阶段上实现。为了实现教学目标的定位，应该结合教学现状和发展趋势。

（3）在大学英语教学目标的多样性中实现。学校应对学生进行全面了解，了解学生的多样性，根据社会的需求对大学英语教学目标进行定位分析，利用多种手段实现大学英语教学定位。

5. 实现大学英语教学目标价值实现方式

大学英语教学目标价值的实现途径主要分为两点。

（1）在教学过程中实现价值。经过科学证明，通过多种教学方法，提高学生的学习效率，对培养学生的积极性具有十分重要的影响。首先，在课堂上以教学目标为主要导向，结合教学内容，采用多种不同的教学手段，促进学生学习的积极性，学生与教师之间的关系更加融洽，教学氛围更加活跃，学生的学习效率也会随之提高。其次，传统的教学模式得到改变，学生成为课堂的主人公。在实际教学的过程中，为学生自主学习提供了便利条件，使学生的学习能力和理解能力都有所提高。

（2）在育人过程中实现价值。大学英语教学对学生的英语能力和英语素质的培养具有重要意义。首先，学生通过大学英语的学习能够提高自身的语言表达能力和应用能力，通过英语的学习能够丰富自身的知识面。其次，学习大学英语，学生可以了解到不同的民族文化，学生的眼界得到拓展的同时，精神世界得到丰富，其国际交际能力也会随之提升。

另外，学生在大学英语学习中，能够感受到西方文化的魅力，通过对大学英语教材中文学作品的学习，学生自身的审美能力、欣赏能力也会提高，这有利于培养学生的自主思考能力和创造能力，学生通过英文的学习能够独立思考一些问题，使自身的理解能力和阅读能力得到提升。

# 第三节　大学英语教学的模式与方法

我国大学英语的教学模式长期以来都是以教师为中心，这种教学模式与高素质的教师相结合，在特定的历史时期发挥了很好的作用，培养了大批英语人才。但随着 21 世纪的到来，社会历史发展状况、学校教育的配套设施、学生人数和学生能力等各种条件都发生了变化，特别是学生人数的增加使传统教学模式受到了极大的挑战，而与社会发展相适应的基于多媒体与网络的新的教学模式则逐步成为更为恰当的英语教学模式，并且受到教师与学生的好评。在深入推进我国教学模式改革、切实提升学习者学习成效的进程中，如何构建科学、有效的新型教学模式一直是亟待解决的重要问题。教学模式是在一定教学思想或教学理论指导下建立起来的较为稳定的教学活动结构框架和活动程序，不仅反映课程设计者与实施者对待"学"与"教"的态度，还直接影响学习者的学习成效。近年来，我国大学英语教学改革不断推进，优化了教学过程，完善了新型教学模式。培养英语专业学生的自主学习能力已成为大学英语教学研究的重要课题。

## 一、大学英语教学模式改革的理论基础

大学英语教学模式的改革主要体现在教学理念、教学方法和教学手段等方面的转变。鉴于以教师为中心、单纯传授语言知识和技能的英语教学模式给英语教学带来的负面效应，要改革传统教学模式，新的大学英语教学模式应为基于计算机和课堂的英语多媒体教学模式。多媒体网络技术在英语教学中发挥了重要的辅助作用，但教学理念对组织课堂教学模式的重要性也不可忽视。一般来说，建构主义思想是大学英语教学模式改革实践的重要理论基础。建构主义（Costructioism）是学习理论中行为主义到认知主义的进一步发展，在建构主义学者看来，学习是一个意义建构的过程，而不是对知识的记载和吸收；学习者是意义建构的主体，学习是人们依靠已有的知识去建构新知识；学习既是个性化行为，又是社会性活动，学习需要对话和合作；学习高度依赖于所产生的情境。与此同时，建构主义也强调以学生为中心，要求学生由外部刺激的被动接受者和知识灌输对象转变为信息加工的主体、知识意义的主动建构者；要求教师由知识的传授者、灌输者转变为学生主动建构意义的帮助者、促进者。因此，基于建构主义的教学模式应重视四种学习方式——自主式学习、探索式学习、情境式学习和合作式学习，强调学生对知识的主动探索、主动发现和对所学知识意义的主动

建构。

## （一）大学英语多媒体教学模式的建构

建构主义理论为多媒体网络教学实践提供了强大的理论支持，多媒体网络教学是贯彻建构主义学习思想的较为先进的教学模式。计算机网络的迅猛发展及随之而来的信息化手段的广泛应用使教学活动可利用的时间及空间得到了极大的拓展，由全球互联网提供的取之不尽的教学资源也为英语教学新模式的构建增添了多种可能。如何基于建构主义的教学理念有效地发挥计算机网络教学的优势，处理好课堂教学与计算机网络教学之间的相互联系已成为英语教学的核心问题。为了顺应这种变化，在多媒体教学模式中，英语教学应分为课堂教学和计算机网上自学两种相互补充的方式。多媒体教学不是提高教学效率的唯一途径和手段，教师不能为一味地追求现代化的教学手段而完全放弃传统的教学方法。目前，在我国大学英语教学中，全面推广基于计算机网络的自主学习模式的条件尚不成熟，单纯地凭借这种新教学模式很难完全解决当前大学英语教学中的突出问题和矛盾，新教学模式无法马上担负起大学英语教学改革赋予的历史重任。应结合大学英语课程设置，对大学英语课程进行科学、合理的整合，确保大学英语教学质量逐步得到提高。

## （二）教学模式与多媒体网络技术的结合

建构主义理论的核心是以学生为中心，强调学生对知识的主动探索、主动发现和对所学知识意义的主动建构。教学过程应是教师与学生交流与互动的过程，是教师与学生、学生与学生、学生与社会的互动过程。基于建构主义的教学模式应重视四种学习方式，即自主式学习、探索式学习、情境式学习和合作式学习。以现代教育信息技术为基本手段和途径，新的大学英语教学模式包括学生、教师、教学信息、学习环境四个要素，它们相互作用、相互联系形成稳定的网络多媒体教学模式。

## 二、大学英语教学方法

英语教学法是一门研究英语教学理论和教学实践、英语教学过程和教学规律的学科。长期以来，英语教学界最为重视的就是教学方法。原因是在其他条件等同的情况下，不同的教学方法会导致不同的教学效果。随着时代的发展，外部整体的学习环境发生了很大的变化，教学模式也得到了相应的改革，学生可以不再像以前那样完全依赖学校或者教师的授课，英语学习朝着个性化、主动式学习的方向发展。教学中若没有相应的教学方法，教学内容就不能很好地传授，教学目的也就难以达到。

在高新技术迅速发展的今天，社会对于英语人才的要求越来越高，学生不仅要有扎实的语言知识，还要具备良好的综合素质和交际能力。因此，为了顺应变化的学习环境和教学模式，满足新形势下英语人才的培养需要，我国大学英语教学的当务之急就是改革某些陈旧的教学方法，创造新的教学方法，寻找最优教学法。寻找最优教学法就是寻找适应特定的社会环境、教学环境、教学对象、教学目的和要求的教学法，其能在充分发挥现有条件的基础上达到最好的教学效果，而不是追求统一的、唯一的方法。任何教学法都有其产生的特定背景，并不能服务于所有教学目的，也不能适用于各种学习阶段，能达到最好的教学效果的方法就是最优教学法。各高校在选择教学法的时候，要充分考虑学校教学坏境、教学设备、学生整体水平及师资力量等客观因素，结合教学目的与任务、教学内容、教学组织形式等教学基本成分，对现有的英语教学法进行重新组合与搭配。

## （一）大学英语传统教学法

英语教学法是英语教学中的一个重要成分，是为完成教学任务，确定教师怎样教、学生怎样学及实现师生相互作用所采用的方式、手段和途径。英语教学法是一定历史背景和社会环境的产物，是由不同的教学阶段及教学要求决定的。不同的英语教学法都产生于改革英语教育的实践，受制于英语教育的目的，不同的英语教学法并非相互对立的，而是长期相互依存的。各类教学法在见解方面相互借鉴，理论内容互相融合。一方面，英语教学法总是处于批判、继承、发展、创新的过程中，正是这种历史继承性使综合与折中的趋势有了存在发展的可能；另一方面，大学英语教学改革是与时俱进的，是时代发展的要求。因此，可以说大学英语教学改革不是照搬外国的理论，而是以大学英语教学方法运用的现状与时

代要求为立足点，选择一种既符合我国大学英语教育教学现状又符合时代需要的
英语教学方法。由于受不同语言学基础和心理学基础的影响，早期的传统教学法
往往比较注重语言结构和语言规则的掌握，而相对后起的一些教学法，如交际法
则比较注重语言意义和语言功能的掌握。

1. 人本主义的大学英语教学

（1）英语教学的目标

要真正理顺大学英语教学中的种种关系，关键在于把握大学英语教学的目标
是什么。大学英语的教学目标是培养学生英语综合应用能力，特别是听说能力，
使他们在今后工作和社会交往中能用英语有效地进行口头和书面的信息交流，同
时增强其自主学习能力、提高综合文化素养，以适应我国经济发展和国际交流的
需要。

（2）人本主义教育思想在教学中的应用——非指导性教学

针对传统教学法的弱点，美国人本主义心理学家卡尔·罗杰斯（Carl Ransom
Rogers）提出了非指导性教学。罗杰斯的"非指导性教学法"是促进学生个体
"自我实现"的一种教学思想策略，它彻底地摆脱了"教师为中心"的传统教育
的负极面。我们在充分认识罗杰斯"学生中心论"中的某些消极成分的同时，
学习借鉴罗杰斯的"非指导性教学法"，对于思考和解决当前课程教学实践中的
某些问题是富有启迪的。与传统教学法相比，以学生为中心全方位地发展学生的
个性的非指导性教学法有四个明显的特点。

①为学生提供丰富多彩的课堂教学内容，放手让学生自己选择。

②让学生结合自己的特点进行自主学习，教师在教学中必须给学生提供必要
的学习环境，创造一切条件，让学生自己学习，帮助学生建立完整的学科知识结
构，使学生学会自由学习。

③与学生建立平等的师生关系，教师需要以真诚的态度对待学生，给学生充
分的信任，相信他们能够充分发挥自己的潜能，尊重和理解学生的内心世界。

④教师要尊重学生的学习习惯，教师应根据不同的学生，为他们创造良好的
学习环境和条件，鼓励并尊重他们好的学习习惯，同时也可以适当纠正他们的一
些不良习惯。教会学生学习是现代信息社会对教学的基本要求，是学生自我实现

的前提条件。

总之，非指导性教学法体现了人本主义中"学生中心论"的教育思想。

2. 综合的大学英语教学法

尽管非指导性教学法较之传统教学法有明显的优点，然而在实际教学中我们还必须克服该理论的弊端，同时积极吸收传统教学法中的有益成分，扬长避短，才能使中国大学英语教学真正获得突破性发展。比如非指导性教学法忽视教师的主导地位，而过度强调了学生的中心地位。但是，教学目的的实现、知识技能的传播、教学活动的组织、学生学习的指导，都必须依靠教师有计划、有目的的教学来进行，只有充分发挥教师在教学上的主导作用，作为教学主体的学生，才能更好、更快地掌握各种技能、发展智力，教学的质量就得到了保证，我们的教学才可以达到理想的效果。

在一个半小时的大学英语课的第一阶段（10分钟），读前准备活动。首先组织同学谈论有关文章主题的话题，这样把话题逐步过渡到课程的内容上来。读前准备活动目的在于引导学生将头脑中已有的知识和即将接触的新知识自然联系起来，激发学生对新课的学习兴趣，调动其积极性。然后布置下一阶段的课堂任务，主要是用英语解释句子即 paraphrase 及篇章结构分析。

第二阶段（30分钟），语篇教学。事先在多媒体系统中准备好5~10份不同版本的课文参考资料及必需的电子字典，供学生自由选择，本阶段以学生自学为主，兼顾和同学及教师讨论，教师负责全堂监控，对学生进行答疑，在每位同学询问时，不做单个回答，而是面向全班进行讲解，一般而言，学生不仅可以问及几乎文章的全部重难点，而且很多以前没注意到的小的知识点也会被挖掘出来，而正是这点大大提高了学生的实际应用语言的能力水平。总之，在传授学生语言知识的基础上，努力培养学生运用语言知识获取信息和解决问题的能力。

第三阶段（10分钟），教师将上阶段讲解过的文章重难点再次系统地讲解，辅以适当的练习给予巩固，增强学生遣词造句的能力。

第四阶段（20分钟），给予形成性评价针对第一阶段提出的问题，学生分组开始互相评价对方的答案，这样的评价由学生之间进行，有利于造成热烈、积极的课堂气氛，课堂内互动式教学能帮助学生产生容易让人理解的结果，得到来自师生中有益的反馈。它能帮助学生完善知识系统，同时也给每位学生输入新的知识。当然，教师是教学的主导，要控制好讨论时间，争取在规定时间内完成任务。

第五阶段（10分钟），教师总结。教师应把争论的 paraphrase 知识点解释清楚，并给予适当的练习，以起到强化的作用，最后，将篇章结构做一个总体的分析，消除学生的迷惑。

第六阶段（10分钟），文化导入。教师在教授语言的同时，把与语言相关的文化内容作为必不可少的一个组成部分融入其中，使语言的教授与文化导入同时进行，这对学生提高英语水平及其对英美国家的社会文化知识的了解能起积极作用。

最后，布置课后作业。一般是写课文摘要，要求学生尽可能按顺序、按比例，保留原文的字句及要点。通过写摘要，使学生进一步熟悉文章的内语、句型。培养学生套用材料，掌握地道英语，以此打下坚实的基础。

## （二）教学活动中多种教学法的综合运用

大学英语教学在方法上越来越趋于多样化、折中化、本土化、学生中心化和学习自主化。这些变化促进了我国的大学英语教学改革。大学英语是一门实践性极强的课程，它需要一定的知识传授，更需要活泼、较为真实的课堂教学氛围，以及作为英语学习主体的学习者的积极参与和大量的交际实践。教师的"教"和学生的"学"是教学的两个重要环节，需要教师和学生共同参与。那么如何在师生共建的课堂互动模式中，有意识地创造各种语言环境，积极调动学生学习英语的积极性，让学生正确地使用英语知识去表达、交流思想和传递信息，是英语教学法要解决的首要问题。但是英语教学法的运用不是固定的、排他的，这就要求教师在教学过程中灵活地选择有效的英语教学法，在以计算机、多媒体和网络为辅助手段的基础上，穿插使用不同的教学法。这会充分调动学生学习英语的主观能动性，有助于教师及时对教学过程进行调控，同时可以加强学生与教师之间的沟通，帮助学生更好地提高自身的语言能力。

教师对教学法进行选择时应注意兼顾三个原则，即知识的体系性、任务的多样性、情境的真实化。大学英语的教学目标是培养学生的英语综合应用能力及用英语进行交际的能力。交际能力由语言知识和交际知识组成，语言知识的积累可以提高交际能力，交际实践可以巩固学到的语言知识，并进一步促进交际能力的提高。语言知识的学习是基础，最终也是为语言交际服务的。教师在开展教学的过程中可以参照语法翻译教学法，先讲授词法，再讲授句法；采用演绎法讲授语法规则，再举例子予以说明；语法练习的方式一般是将母语句子翻译成英语。此外，强调母语和英语的共同使用。在课堂上，教师适当地使用母语进行解释，尤其是针对具有抽象意义的词汇和母语中所没有的语法现象，既省时省力又简洁易懂；将英汉两种不同的表达方式进行比较，可以提高学生正确运用英语的能力。运用教学法调动学习者的学习兴趣是保证教学质量的关键，因此在教学中教师应该确保学习任务的多样性。

教师在设置任务的时候要以激发学生学习兴趣和成就感为出发点，围绕特定的交际和语言项目，设计出具体的、可操作的任务，让学生在任务的驱动下学习语言知识并进行技能训练，在感知、认知知识的过程中达到学习和掌握语言的目的。活动可围绕教材但不限于教材，要以学生的生活经历和实际交际活动为参照，不仅要有利于学生英语知识的学习、语言技能的发展和运用能力的提高，还应有利于促进英语学科和其他学科之间的相互渗透与联系，使学生的思维能力、想象力、协同创造精神等综合素质得到提高。比如，上课前，教师可以要求学生利用课余时间通过图书馆、网络等媒介查阅相关资料，了解本单元的中心主题；组建学习小组，引导成员之间互相检查、记忆教材内容或者根据课程内容提前安排小组排练表演并进行课堂展示等；在课堂上鼓励学生积极参与到各项学习、讨论、陈述中。学习任务包含有待实现的目标和需要解决的问题，从而激发学习者对新知识、新信息的渴求。这样，学生通过实施任务和参与活动，就能促进自身知识的重组与构建，摄入新信息并与已有的认知图式进行互动、连接、交融与整合。在教学中，教师应通过模拟真实情境来拓宽教育空间，强化参与意识，从而提高教学效果。

传统的课堂教学被局限在教室中进行，现代信息技术的广泛应用使教育空间的拓展成为可能。教师可以在课堂教学中借助多媒体教学设备，为学生创设真实的语言环境或模拟情境，在模拟的情境中完成语言知识的学习，在实践中提升交际能力。传统教学法的弊端之一就是使学生产生一种距离感，形成"你讲我听"的被动状态。而在情境教学法中，由于教师根据教材和心理理论创设了有关情境，从而缩短了师生的心理距离，强化了学生积极参与的意识。情境教学法强调在英语教学中充分利用生动、形象、逼真的意境，使学生产生身临其境的感觉，利用情境中传递的信息和语言材料，激发学生用英语表达思想感情的欲望，促进学生的语言能力及情感、意志、想象力、创造力等的整体发展。情境教学法的教学实践是以课堂教学为主线，综合运用多种方法创设真实语言情境，营造英语氛围的。教师可以鼓励学生在课后使用视听设备和语言实验室来观看英语电影、收听英语广播、收看英语电视节目等，使学生掌握地道的语音、语调和了解西方的文化背景。情境教学法既能突破传统英语课堂教学的狭隘性、封闭性，拓宽教学空间，又能引起学生的兴趣，唤起学生的参与意识，提高教学质量，是一种切实可行的教学法。教学要以培养语言技能和交际能力为主，采用多种交际场景，保证交际的趣味性。

在实际教学中教师应该仔细研究各种教学法的特点，熟悉并掌握其中的技巧，不能盲目地推崇某一种教学方法，否定另一种教学方法，应根据教学活动的具体情况综合使用各种教学法。事实证明，没有一种教学方法是万能的，过多地依赖或推崇某一种教学法的做法往往会在具体的教学实践中产生某种偏差。大学英语教学大纲要求教师不仅要向学生传授语言知识、训练语言技能，还要培养学生运用英语进行交际的综合能力。这一要求是立体的、多层次的，而当前大学生获取知识的渠道多样化、自学能力强，所以教师在教学中必须秉着客观、实事求是的态度，结合学生的实际情况及现有的教学资源，选择合适的教学法，从而有效地开展大学英语教学。

# 第二章　多文化视角下大学英语教学基础理论

## 第一节　多元视角下大学英语教学理念与目标

### 一、多元视角下大学英语教学理念

#### (一) 从分离走向融合：大学公共英语与专业英语的教学互动

长期以来，我国高校的英语教学就分为两个部分：大学公共英语与专业英语。前者一般由大学外语部负责，后者则由英语系来承担，相互之间不仅联系较少，而且工作职责也有明显的不同。大学外语部的教师通常以公共英语教学为主要工作，重点在于训练非英语专业学生的听、说、读、写、译的能力，以便能够通过国家的四、六级等考试。由于繁重的教学工作，大学外语部相对于英语系来说，科研成果要少得多。高校的外国语言文学一级学科和英语语言文学二级学科大都设在专业外语和专业英语系（科）中。无论是课程设置，还是教材的选用，大学公共英语与专业英语都有着明显的不同。大学公共英语与专业英语之间这种分离的现象是非常普遍的。可以说，这一分离在我国基础英语教育还较为薄弱的时期是完全合理的，针对不同的教学对象采用不同的教材、设置不同的课程和采取不同的教法也是无可厚非的，而且传统的分离教学毕竟为我国培养了大批优秀的专业人才，这些人才已经成为我国各个领域里的中坚力量。

然而，在经济全球化和文化全球化浪潮的猛烈冲击下，语言全球化的趋向也越来越明显，英语几乎成了大多数非英语国家的第一外语。我国国民的整体英语水平相对于改革开放以前有了极其显著的提高，尤其是在发达地区和高校云集的中心城市。

所谓公共英语教学的专业化，就是指大学公共英语的教学方式可以借鉴专业英语的教学模式，除了语言技能的训练以外，还应该用英语开设知识型和研究型课程，就如同专业英语开设的英语语言学、英美文学、西方文论、外语研究方法论等课程一样。当然，不同之处主要应该有三点：一是教学对象的不同，不是面向英语专业学生，而是面向学校非英语专业的学生；二是教学目的的不同，不是仅仅以提高语言技能为目的的，而是以提升学生的研究能力和扩大知识面为主要目的；三是教学内容的不同，不只是开设语言文学类型方面的课程，而且还应开设相应的文化类型的课程，或者针对不同的学科开设对国外同类学科的介绍课程，比如可以为法学院的学生用英语介绍国外各名牌大学的法学学科的发展状况等。

至于专业英语教学的公共化，这里主要是指英语专业的一些非语言技能训练的课程可以面向学校其他专业学生开放，甚至非英语专业的学生可以与英语专业的学生同堂上课。这样不仅有利于非英语专业学生知识面的拓宽，也可以促进英语专业学生思考问题视角的多元和思维方式的丰富。

当然，在实现公共英语教学的专业化与专业英语教学的公共化过程中，肯定会出现大量的问题，甚至还会遭遇到来自各方面的反对。因为，这一进程将从课程设置到教材的编写等很多方面改变我们传统的教学观念和已经习惯了的教学与人才培养方式。

在课程设置方面，我们可以采用多元化的授课形式，把教师讲授、课堂讨论、学术讲座和学生自主学习结合起来。诸如视听课程就可以由学生自主学习，实行零课时设置，文学作品的阅读课程可以是学生自主阅读和教师辅导相结合，一些知识型课程可以以教师讲授为主，而研究型课程则可以课堂讨论与讲授集合起来。把注重教学过程的管理与注重教学结果的考核相结合，目的在于提高学生的整体素质。

（二）语言本体的重新认识：从语言工具论到语言存在论

长期以来，语言学界往往把语言看成"人类最重要的交际工具"。直到 20 世纪中后期，国内外的理论界才开始深刻认识到，语言不仅是人类交际的工具，也不只是人类文明成果的载体，而是具有主体性的"独立的存在"。无论真理或历史，主要都是以语言文本的方式存在着的，由于有了语言，我们的世界才"存在起来"。不仅是"人在说话"，而且语言思维能够控制人，即"话在说人"。人的存在实际上就是语言的存在，人的本质也是语言的本质，语言成了人的"存在之家"，我们居住在语言的家园之中。

尽管如此，在我国外语教学界，目前语言工具论的思想依然指导着我们的各项工作。在一本代表着我国外语教学改革最新成果的著作中，作者这样写道："实际上，外语学习完全是一种能力和技能的培养，需要大量的听说和阅读实践。""任何一位外语教师都会强调外语教学的最终目的是培养学生的外语交际能力。"当然，这里所说的交际能力不仅是一种说话能力，而且还包括书面的，即阅读和写作，甚至是一种综合素质的体现。

无论如何，语言工具论的思想、外语作为交际工具的观点在这里是显而易见的。从交际表层来看，作为中国人要掌握一门自然语言——英语，语言工具论的思想是无可非议的。英语教学的目的就是要教会学生如何使用英语这一交际工具，不可否认，在学习英语的初、中级阶段，也就是在中小学阶段，英语教学的主要任务确实就应该放在学习和掌握语言本身，因为不掌握英语的基本使用规则和相当数量的词汇，就无法进行更深层次的探讨，更何况我们学习英语的重要目的之一还是交际。

对于我国高等学校的英语教学来说，尤其是对于名牌大学而言，英语教学仅仅立足于语言工具论的基础上，又是明显不够的。学习一门外语不是一件简单的事，甚至我们没有一个人能够说自己掌握好了英语。语言应该是终身学习的对象，哪怕是汉语，作为一个中国人也不敢说自己掌握到家了。但是，作为高等学校，特别是以科研型为主要特征的大学，变语言学习为语言研究又是必然的。而开展语言研究显然就要从思维的层面重新认识语言，走出语言工具论的传统观念，从语言存在论的视角来重新审视；从思维深层来看，语言无疑是人类思维的主要载体，也就是说，语言活动可以说是人类进行思维活动赖以依存的一种主要方式。高等学校语言学专业的学生，自然包括英语专业的学生，应该把语言思维研究作为相当重要的任务，在研究中促进对语言的深层把握，从而更加全面地提高自身的综合素质。人类自从具备独立的思维能力以来，就存在着各种各样的思维方式。艺术思维方式不同于科学思维方式，它更注重对客观现象本身的整体把握，并不努力揭示复杂现象间的共性，而是区分出它们之间的差异、个性，从而探讨这些现象产生的非规律性和偶然性；艺术思维方式的载体是艺术的语言，也就是诗性的语言。这也是语言学专业学生所要重点探讨的语言，正因为如此，我们才通常把语言与文学联系起来，把英语学科称为英语语言文学学科，外语学科称为外国语言文学学科。具体说来，我们不仅要掌握与英语国家人们交际的语言工具，而且还应该通过了解英语国家的文化，包括文学艺术、经济、法律等，探讨他们的思维方式，从更高层次上把握我民族与他民族之间的文化差异。

在全球化浪潮的猛烈冲击下，英语作为一种主要的交际工具，已经成为经济全球化的主要媒介和载体。同时，经济全球化的进程也促使英语在全球范围内传播与应用。然而，这仅仅是交际表层的发展趋向。其实，如果深入语言思维的层面，我们还可以由探讨人与人、人与世界的关系转向人与语言的思维关系。真理不只是与事物的相符或主客体的一致性，而是一个发展过程，一个存在不断敞开的过程，语言则是这一过程的实现者。语言说出存在，既说出此时的现实存在，也回顾着逝去的历史存在，还能够预示着彼在的未来存在。人类只有"不断穿过语言的家园"，才能达到存在。因此，在人与客观世界之间存在着一个语言的现实，这个语言的现实使我们生活的世界存在起来。英语专业的学生应该研究的就是这种语言的现实。

## 二、多元视角下大学英语教学目标

### （一）着眼于人的发展

在英语教学中，每位英语教师都应该拥有人本主义的教育理念，充分发挥学生的主体作用，注重学生的全面发展，让学生具有持续学习的能力，为学生终身学习打下基础。

在知识经济时代，新的知识层出不穷，原有知识迅速更新。我们在生活与工作中会面临更多复杂的问题。全球一体化使人际交往的范围扩大，频率增加。大学生要在如此变化万千的社会中生存与发展，必须具备良好的素质，能灵活地运用学到的知识有创意地解决各种问题。同时，自己又必须不断地学习、不断地完善自己。与其他学科的教学一样，英语教学必须为培养这样的人才而努力。

要着眼于学生的全面发展，英语教学的首要定位就是人的教育。在教学中，要注意激发和培养学生的学习兴趣，帮助学生树立自信心，形成有效的学习策略，养成良好的学习习惯。

多年来，我们在英语教学中总是把帮助学生掌握英语知识放在首位，却忽视了学生的精神世界。实际上，学生的社会责任感、严谨的治学态度、积极的情感都直接影响他们的英语学习。作为教师，在英语教学中要尊重学生，注重情感教学。

尊重学生，就是我们应该相信，每一个学生都蕴藏着极大的学习潜能，每一个学生都有自己丰富而独特的内心世界。英语教师应该与学生相互沟通，成为他们的朋友。今天的学生在很多方面比以前的学生更具独立性，他们在许多问题上的思考都有独特性。如果我们和他们平等相处，通过改进教学为他们提供充分发展潜能的机会，英语教学就会取得更大的成效。

尊重学生，就是承认学生之间是有差异的、有个性的，应该给每个学生提供平等的学习机会，针对他们的差异提供切合他们实际的学习指导。有的教师在实际教学中，参考有关资料，把学生分为三大类，即认知学习型、情态学习型和生理环境反应学习型。不同类型的学生有不同的学习特点，这就要求我们在教学中采取不同的对策。实际上，在英语教学中，我们也会发现学生在英语学习中表现出来的差异，例如，女生长于记忆单词、规则，男生长于阅读思考；有的学生口头表达能力很强，有的学生善于书面表达。作为教师，在教学中就要根据所教学生的不同特点进行指导。

尊重学生，就是要充分发挥学生的主体作用。学生主体是指能动地参与教学活动的、处于发展中的学生个体。

学生主体和哲学意义上的一般主体在本质上是一致的，但他比一般主体有着更丰富、更具体的内涵。在英语课堂教学中，教师要为每一个学生创造表现自己的活动环境，使每一个学生都积极地参与到教学活动中，让学生在学习活动中发展个体的学习能动性、创造性、自主性和独特性。

尊重学生，是在英语教学中实行情感教学的前提。实行情感教学，最关键的就是形成和谐的课堂气氛。和谐的课堂交际气氛在某种意义上来说比好的教学方法更重要。课堂教学就是人的交际过程，有效的交际取决于和谐的课堂气氛。

要创造和谐的课堂教学气氛，首先要爱学生，给他们成功的机会。作为英语教师，应该改变中国传统的重教师轻学生的师生关系。要以人本主义的思想，重新审视与调整师生关系。在教学中，教师要尽可能地为学生提供学习空间，让不同的学生在学习过程中获得乐趣，获得满足感与成功感。当学生在课堂学习中能不断收获自己学习的成果时，他们的学习兴趣与积极性就会与日俱增。

要创造和谐的课堂教学气氛，还要注意情感交流。在课堂上，英语教师应始终处于乐观向上的，高昂的精神状态中，对教学一往情深、对学生满腔热情，用这种态度引起学生的积极情感。我们不是提倡要运用"期待效应"吗？有位英语教师板书一道习题后对学生说："这道题很难，你们恐怕都做不出来。"显然这句话中暗示出教师对学生缺乏信心。如果这位教师这样说："这道题有些难，但我相信你们能做对。"这样的话效果显然不同。研究表明，学生学习的好坏至少部分取决于教师对学生能力的信心。

创造和谐的课堂教学气氛，要提倡宽容。中国学生学习英语，犯各种各样的错误是难免的。过去，我们过于强调精确，学生在说英语时的每一点差错都会被教师及时打断并更正。正是这种过于严格的要求，使学生对英语学习产生了畏惧感，这也是许多英语课气氛沉闷的原因之一。在英语教学中，应该教育学生多使用英语，不要有错必纠。

## （二）重视学生认识能力的提升

大学英语教学已经历了由知识型教学向技能实践型教学的转变，突出了语言作为社会交际工具的本质特征。但英语教学既是获得交际所需要的语言技能及相应的语言知识的过程，同时也可以是发展智慧和培养认识能力的教育过程，而且英语教学对于培养认识能力有着特殊的意义。

语言能力的提高不一定带来认识能力的提高，也就是说，要在英语教学中求得发展认识能力的效应，就要选择合理的教学途径和教学方法。

1. 以话语为中心展开教学

英语教学经历了从词本位教学（翻译法）到句本位教学（听说法），再到话语本位教学（交际法）的发展历史。话语是基本的言语交际单位，因为话语包含语境和词语之间的衔接连贯等因素，更能体现语言的整体性，这是从交际教学法的角度来看的。从语言与思维的关系上看，词是概念的表达形式，句子是判断的表现形式，而更体现智力本质的推理活动则由大于句子的言语形式，即话语来表现。语言与思维统一于话语。无论是词本位教学还是句本位教学都是脱离思维活动来教授语言的，使语言学习成了机械的模仿记忆和重复性活动，同时也把语言形式与思想内容脱离开来，使学生的智力得不到锻炼。

话语分析和篇章语言学的兴起为话语型教学提供了理论基础与具体的分析方法，使通过语言训练来训练思维能力的教学活动系统化和科学化。因此，英语教师应掌握这些理论，并使之与具体的教学活动结合起来。

2. 坚持"文道统一"的原则

"文以载道""读书明理"这些古训给我们的启示是，语言与思想、文化是密不可分的，语言教学与"达理""明志"的思想教育活动应该统一起来。外语教学一向有重形式轻内容、重技巧轻智能的流弊。语言是工具，但语言教育的目的是超越工具范畴的，它应以完成更高层次的教育目标为宗旨。坚持"形意结合""文道统一"正是全面实现语言教育目标的最好途径。

阅读教学应深入文章的层次结构，究真穷理，引导学生把文章中最有价值、最富文化意蕴的东西挖掘出来，使学生在学习语言的同时，情感受到真善美的陶冶，心灵受到激荡，人格得到升华，既提高了认识能力，又受到了品格的教育。

在大学英语教学中，提高学生的认识能力的另一个条件就是提高教师自身的素养和努力程度。教育中有一条规律，叫"自理同构律"，即教育者寄希望于被教育者的每一种素质和能力，教育者都应先于受教育者而具备之。这就导出了"以智育智""以情启情""以美立美""以行导行"等一系列教育原则。因而，要有效地发展学生的认识能力，教师首先要在备课中进行"智力投资"，先经历一次情思感发的智力体验，然后才可能在课堂上、在学生身上再实现这一体验。"以其昏昏"绝不能"使人昭昭"。

学外语的人应该是具有跨文化领悟力的聪明人，而学外语的过程则是接受另一种文化的熏陶、接受一种特殊的智慧磨炼的过程。在"知识爆炸"的今天，仅仅掌握知识是不够的，而且也越来越不可能让受教育者掌握足够适应当今社会发展的知识，虽"皓首"却难以"穷经"，每一门学科的知识都无法再用"汗牛充栋"来形容了。教育应致力于培养人掌握知识和创造知识的能力，即培养人的认识能力和创造能力。只有这样，才能解决知识的无限增长和人获得知识的有限时间与精力之间越来越尖锐的矛盾。

由此可见，提出"认识能力"的问题及如何培养"认识能力"的问题对于实现由知识型人才观向智能型人才观的转变和由灌输接受型教育观向激发创造型教育观的转变，具有十分重要的意义。

# 第二节　多元视角下大学英语教学方法与模式

## 一、大学英语课程的多元教学方法

随着多媒体教学设备、网络通信的普及，现代信息技术遍布着教与学的各个环节，基于课堂教学的大学英语教学模式已经发生了巨大变化。这种结合是现代教育发展的必然结果，也是大学英语教育发展的必然结果。教学模式的改革主要体现在教学理念、教学方法和教学手段等方面的转变。随着高新技术的迅速发展，社会对外语人才的要求越来越高。大学生不仅要有扎实的语言知识，而且要具备良好的综合素质和交际能力。因此，为了顺应现代的学习环境和教学模式，满足新形势下外语人才的培养需要，我国大学英语教学的当务之急就是教学方法的改革和创新，寻找最优教学法。

### （一）交际教学法

交际教学法的产生是人们深入研究语言功能的结果，同时也标志着在外语教学中人们开始从只注意语言形式和结构的教学转向注意语言功能的教学。

1. 理论基础

交际教学法也叫"功能法"（Functional Approach）或"意念-功能交际法"（Notional-Functional Approach）。交际能力理论从语言交际的角度向人们解释了语言的本质。交际是在特定语境中说话者和听话者、作者和读者之间的意义转换。

语言是社会文化现象，所以对语言的研究不能仅仅局限在语言本身的句子结构上，还应该在真实的社会环境中对语言进行研究。从语言教学的角度进一步解释了"交际能力"，他们将"交际能力"分为以下四个方面：

（1）语法能力：指掌握语言规则知识，是必需的知识和技能，即理解和表达语言的字面意思所必需的知识和技能。

（2）社会语言能力：包括目的语民族的社会文化知识、风俗、礼节等，还包括在不同的社会语言环境中恰当地理解和表达语言的能力。

（3）语篇能力：指根据不同的题材，把语言形式和语言意义结合起来，组成统一的口语体或书面体。

（4）策略能力：指交际者为能够顺利地完成或提高交际效果所使用的各种有效的技能和方法。

随着越来越多的人开始赞同从社会的角度来观察语言，于是社会需求和"交际能力"相结合，便形成了交际语言教学的思想。随后，交际型教学方法传入中国并得到了广泛的普及。简言之，交际教学法是以交际能力培养为目标的教学法体系，它以培养学习者的语言交际能力为目标，强调交际过程。

在交际型教学模式中，学生须在不同的场合恰当地使用语言，运用语言执行各项任务，如解决难题、获得信息、人际交往等。因此，教师应该借助课堂或多媒体教学多为学生创造、提供交际情景和场合，在真正意义上实现"用语言去学"和"学会用语言"，而不是单纯地"学语言"，更不是"学习关于语言的知识"。

2. 主要特点

交际教学法有着显著的特点，具体表现在以下四个方面：

（1）以交际为中心。交际教学法还要突出学生的语言交流和互动作用。具体来说，在交际化的教学中，教学的重点要从语言的形式转向语言的内容，从单项的语言知识传授转向双向的互动式语言实践。在英语课堂上，教师所组织和进行的一切教学活动都要以交际目的为中心。

（2）以学生为中心。以学生为中心体现在教学目标上，应以学生的需求而设立，学生是整个教学活动的主体，是课堂活动的积极参与者。教师必须鼓励学生积极主动地参与到课堂活动与实践活动中。

（3）强调教学的真实性。交际法使我们更强烈地意识到只教会学生掌握外语的结构是不够的，学习者还必须掌握在真实的环境中将这些语言结构运用于交际功能中的策略。在外语教学中，教师要积极地创造语言交际环境，帮助学生在交际活动中掌握使用语言的能力。只有在接近真实的语言环境中学习和使用语言，才能提高学生对语言的实际运用能力。为此，交际教学法创造了"以任务为基础的语言活动""以解决问题为基础的语言活动"和"以专题为基础的语言活动"。学生围绕"任务""问题"和"专题"有目的地掌握语言功能，这样才能熟练地掌握外语交际的能力。

（4）对错误有容忍度。教师对学生的错误，尤其是语法方面的错误，要采取容忍和宽容的态度。这是因为交际法强调的是思想的传递和交际目的的实现，只要不影响正常的交际，一些细节性的错误可以忽略。况且，当场指责或纠正学生的错误不仅会打断学生的思路，还会打击学生的自信心，使他们对英语学习产生排斥与恐惧感。

3. 局限性

交际教学法通过恰当的语言输入和有意义的课堂互动帮助学生习得语言，提高学生的听说能力，但是它也有自身的局限性。

（1）重视口头交际能力的培养，而对外语教学中的读、写能力有所忽视。

（2）交际教学法不重视语法的准确性，因此不能使学生很好地掌握目的语的语法体系，即不利于学生打好必要的语言基础。

## （二）情境教学法

情境教学法形成于20世纪70年代。它是由建构主义理论、情境认知理论等多种学说汇集而成，而且符合人类大脑的活动过程。根据生理学家的有关研究，人体大脑的左半球主要负责执行语言、逻辑、数学和书写等分析性的任务，而大脑的右半球则负责处理空间概念、图表、音乐、颜色等直观性的任务。虽然大脑的两个半球分别执行不同的任务，但二者并非孤立运行，而是需要相互补充、相互支持、相互协作的。情境教学法既注重听说，又重视身临其境的表演。通过这种方式进行英语教学，可以保持两个脑半球始终处于兴奋的状态，使思想高度集中，有利于加深学习者的印象，提高其记忆效果。

情境教学法强调在英语教学中充分利用生动、形象、逼真的意境，使学生产生身临其境的感觉，利用情境中传递的信息和语言材料，激发学生用英语表达思想感情的欲望，促进学生的语言能力及情感、意志、想象力、创造力等的整体发展。情境教学法的教学实践是以课堂教学为主线，综合运用多种办法创设真实的语言情境，营造英语氛围来实现交际。教师可以借助图片、模型、实物、简笔画等教具，利用自己的手势、动作、表情等体态及多媒体技术等手段，真实而立体地展现所学语言的背景，使教学过程有序化、整体化、形象化、趣味化。同时，教师可以鼓励学生在课后使用视听设备和语言实验室来放映英语电影、收听英语广播、收看电视节目，通过情景、视听教学，让学生把握地道的语音、语调，了解西方的文化背景。情境教学法既能突破传统外语课堂教学的狭隘性、封闭性，拓宽教学空间，又能激发学生的兴趣，唤起学生的参与意识，提高教学质量，是一种切实可行的教学法。

1. 主要教学过程

（1）感知。感知是指通过网络教学或电影构建情景，配合音像介绍课文内容，辅助学生对文章大意进行感知和理解。这一过程要求学生边看图像边听录音，跟着录音逐句重复进行强化训练，以增强学生的听力能力及记忆外语的能力。

（2）理解。理解就是通过图像和录音讲解课文，辅助学生理解文章内容。这一过程要求学生边看图像边听录音和教师的讲解，在理解的基础上，教师根据图像向学生提问，学生根据图像，依据所听内容回答问题。

（3）练习。练习的主要目的是培养学生在课文题材范围内有准备地对话和说话的能力。具体过程是，学生要正确模仿录音中句子的发音、语调和节奏等，并通过逐句重复，熟记课文中的句子，达到自然的熟巧，然后在此基础上进行各种练习。

（4）活用。活用就是在已获得技能的基础上，培养活用语言的能力。活用要求学生能够利用外语独立地表达自己的思想，可以创造性地学习。

2. 优缺点

（1）优点

①情境教学法常从日常的生活情景需要出发来选择和安排语言材料，与过去的语法翻译法、直接法相比，情境教学法更能满足学生语言交际的需要。②情境教学法教学中常使用声、光、电等现代化技术设备，这些设备的使用可以有效地将语言与形象结合起来，使学生同时见其形、听其声，进而可以调动学生学习的积极性，加速学生学习的过程，提高学生的交际能力。③情境教学法主张使学生能够听到准确、地道的外语录音，日积月累，有利于培养学生准确的语音、语调。

（2）缺点

①情境教学法注重以情景为线索来选择和安排语言材料，虽然这样有一定的好处，但情景的创设多是虚构的，因此不能最大限度地满足学生交际的实际需求。②情境教学法过于强调整体结构，而忽视语言分析讲解和训练，这样不利于学生对外语的理解和运用。

## （三）任务教学法

任务教学法是交际教学法的延伸，是一种强调"在做中学"的语言教学方法。任务教学法主张以任务组织教学，以具体的学习任务为学习动力或动机，以完成任务的过程为学习过程，以展示任务成果的方式来体现教学效果。教育的重心从教科书和教师转到学生，教师引导学生在各种语言任务中学习。在课堂教学活动中，教师围绕特定的交际项目，创设出目标明确、可操作的任务，学生通过表达、交涉、解释、沟通、询问等多种活动形式完成任务，达到掌握语言的目的。

1. 任务教学法的内容

任务教学法要求语言学习者积极主动地参与整个语言习得过程，要按照计划按时完成上课前的各项准备工作，包括预习课程、查找资料、写报告、提前排练表演、背诵记忆教材内容等；课堂上要积极参与各项学习、讨论、陈述、讲解等学习活动，完成任务的同时也巩固了旧知识，并且学习与运用了新的语言知识，从而达到学习语言和掌握语言的目的。由于学习任务包含有待实现的目标和需要解决的问题，因而会激发学习者对新知识、新信息的渴求。任务教学法综合了多种教学法的优点，和其他教学法互相补充、相互完善。在课堂教学中，使用任务教学法需要具备六个要素：目标、输入材料、内容、情景、程序、角色。

（1）目标。任务的目标指向具有双重性，首先任务要达到预期的教学目的，然后任务本身要达到非教学目的。

（2）输入材料。输入材料是指在执行任务的过程中所使用或依据的辅助材料。这些材料的形式是多样的，可以是语言形式，也可以是非语言形式。

（3）内容。在课堂教学中，任何一个任务都要有一定的内容，这样才能加以实施。课前，教师需要对这些内容做准备，任务的内容在课堂上的表现就是需要履行的具体行为和活动。

（4）情景。任务情景是指任务所产生和执行的环境或背景条件，在这些条件中，包括语言交际的语境。在任务教学中，情景的创设应尽量接近真实生活，从而提高学生对语境和语言之间关系的意识。

（5）程序。任务教学中的程序是指安排任务教学中的各要素该如何进行，包括任务序列中某一任务所处的位置、先后次序、时间分配等。

（6）角色。在任务教学中，主要角色是教师和学生。其中，教师可扮演多种角色，既可以是任务的参与者，也可以是任务的指导者和监控者，但无论扮演什么角色，都是为了更好地完成教学任务。

2. 任务教学法的过程

任务教学法主要分为任务前、任务中和任务后三个阶段。

（1）任务前（呈现任务）

在任务前阶段教师的主要工作是呈现任务。教师要结合学生的生活或学习经验，为学生创设有主题的情景，以激发学生的好奇心和学习动机。详细地说，教师要为学生创设与话题有关的环境并提供思维方向，并帮助学生将要学习的新知识与他们已有的知识结构建立联系，调动他们的求知欲。在这一过程中，教师要遵循先输入、后输出的原则，就是在学生激活了完成任务所必需的语言知识、技能后再导入任务。这既是为了保证学生学习的顺利进行，也是为展开下一任务环节奠定基础。

（2）任务中（实施任务）

接收任务后学生就要开始实施任务。实施任务有很多种形式，如小组自由组合或结对子。这些形式可以为所有的学生提供锻炼的机会，并且有利于同学之间的交流，可以促进学生认知的发展，还有利于培养学生互助合作的精神。在这一过程中，教师可以成为小组的一员参与到学生的小组活动中。教师应以监督者和指导者的身份，了解学生掌握新知识的程度，并根据具体的情况，随时调整教学策略，以保证更好地完成任务。

（3）任务后（汇报任务和评价任务）

任务完成后各小组经过讨论要派出代表向全班汇报任务完成情况。代表可以由两种方式产生：一种是由教师指定；另一种是由小组推选。教师指定代表可以激发该学生的学习兴趣，培养责任意识，而由小组推选代表则可以增强被选举学生的自信心。学生汇报任务时，教师应该给予一些指导和帮助，使学生的汇报更加准确、顺利。汇报结束后，教师还应组织全班学生对任务的完成情况进行评价，指出各组的优点与缺陷，并评出最佳小组，让学生在完成任务之后，品尝到成功的喜悦，同时也能认识到自己的不足。在评价任务的过程中，教师除了对结果进行评价外，还要引导学生正确、客观地评价自己和他人，帮助学生形成良好的评价思维方式。另外，对于任务完成得比较好的小组，教师应给予物质或精神上的鼓励。在这一过程中，教师要正确地把握评价的促进作用，充分调动学生的学习积极性，增强小组的竞争意识，以促使学生不断进步。

## 二、大学英语课程的多元教学模式

### （一）大学英语文化教学模式

1. 现代英语文化教学的意义

语言是文化的载体和表征，文化是语言的内涵和本质。大学英语教学是丰富跨语言知识、提高跨文化能力的平台，必须体现跨语言和跨文化的紧密结合。

（1）英语教学改革的需要

很长一段时间以来，我国的英语教学只注重语言知识和语法形式，对文化知识对交际的影响没有给予足够的重视。然而，随着教学的不断发展，人们开始逐渐意识到学习外语不仅是掌握语言的过程，同时也是接触和认识另一种文化的过程。在学习英语的过程中加入文化教学不仅有利于调动学生的学习积极性、加强学生的英语语言基本功的训练，还有助于拓展学习者的思维方式，帮助他们从不同的角度来观察和认识世界，从而使英语教学改革朝着更加科学、合理的方向前进。

（2）素质教育的必然要求

经济、技术、信息的交往和商品、资本、人员的流动使世界各国的文化突破特定的地域环境和社会语境，融入全球性互动的文化网络中，多文化已成为文化的基本格局。在这样的时代背景下，文化素质的培养毫无疑问地成为素质教育的重要内容。

（3）语言教学的重要组成部分

我国传统的英语教学一直把词汇、语法当作教学的重点，采取以教师为中心的教学方法，以教师向学生灌输英语知识、学生课后通过练习进行巩固为基本教学模式。然而，实践证明，单纯的语言习得并不能满足实际交际的需要。学生在交际过程中不是缺乏必要的语言知识，而是不懂得怎么表达，也不明白表达时应注意什么问题。造成这种现象的根本原因就在于我国的英语教学没有把文化教学纳入其中，文化教学的缺失使语言学习失去了文化根基。因此，没有文化教学的语言教学是不完整的，文化教学是语言教学不可或缺的一部分。

（4）实现跨文化交际的需要

在同英美人士交流时，如果能说流利外语的人出现语用失误，他们会觉得对方缺乏礼貌或不友好，甚至是挑衅或不怀好意。由此可以看出，文化语用失误要比单纯的语言错误更严重，在实际交际过程中造成的不良影响也更大。因此，为了实现有效的跨文化交际，避免交际过程中的误解与冲突，我们不仅需要一定的语言知识，更需要相当的文化知识。

文化多元化、经济全球化、科技一体化是信息时代的突出特征。跨文化交际是文化间的互动、交流、冲突和融合，成为地球村时代不可或缺的生活方式。语言是文化的载体和表征，文化是语言的内涵和本质，掌握语言技能和提高文化素质是外语教学的主题和根本目标。

2. 现代英语文化教学的内容

大学英语教学是拓展跨文化知识的平台，娴熟的语言技能、深厚的语言修养是洞悉文化差异、跨越文化沟壑的关键。跨文化知识能够为英语教学营造丰富多彩的学习场景，增强大学生学习英语的动机和积极性，从而有助于充分发挥英语语言的内在潜力并获得理想的教学效果。大学英语是以外语教学理论为指导，以英语语言知识与应用技能、跨文化交际和学习策略为主要内容，并融多种教学模式和教学手段为一体的教学体系。显而易见，英语语言知识和跨文化交际能力相辅相成、密不可分。增强文化意识、丰富文化知识、培养文化能力、跨越文化差异是大学英语教学面临的挑战和任务。

（1）语言文化

①挖掘词和短语的文化内涵

在特定文化背景下，不同的词和短语可以激发人们的不同联想。人们会因为国家、民族，甚至地区的不同而对某些字的理解、好恶产生差异。

②了解谚语的深层含义

谚语是一个民族长期以来文化智慧的积累和经验的沉淀，英语中有许多谚语阐释了生动的真理，反映了西方文化的价值观念和行为准则。学习谚语能帮助我们更加透彻地了解西方文化的精髓。

③注意有典故的词汇和短语

英语中有许多具有文化内涵的词，它们的形成与广泛使用有赖于一些众所周知的文学形象或历史事件，在汉语中我们将其称为典故或成语，如我们用"鸿门宴"这个词暗指用心险恶的布局，以使人落入事先安排好的陷阱。英语中有很多有典故的词和短语，如 Cinderella（灰姑娘），而 Pandora´s box（潘多拉的盒子）也是我们熟知的一个习语。

（2）非言语交际

非言语交际是文化学习的一项重要内容。来自不同文化的人由于语言不通，在交际过程中非言语交际信息往往起到很重要的作用。非言语交际并不仅仅局限于手势、表情等，还包括不同文化对时间、空间、色彩的不同看法及在听觉、嗅觉、视觉、触觉等感官方面的不同感知特点。下面介绍其中的三种。

①体态语

体态语泛指能传递交际信息的一切表情和动作。由于不同文化传承的动作习惯不同，学习者要加以注意并用心领会，体态语的熟练掌握能帮助我们成功地进行跨文化交际。

②副语言

说话时的音高、语调、音质等都属于"副语言"。所谓"副语言"，就是指伴随话语发生或对话语有影响的有声现象。喊、叫、哭、笑、叹气、咳嗽、沉默等也可以看作这一范畴。"副语言"在交际过程中代表着一定的含义。

学习掌握这些语言之外的副语言现象能更好地理解说话者的意图。

③环境语

环境语是指文化本身所造成的生理和心理环境，包括时间、空间、颜色、声音、信号和建筑等，这些环境因素都可提供交际信息，所以环境语也可展示文化特性。

3. 文化教学的实施办法

（1）直接导入法

直接导入法是最直接的办法，就是教师在课堂中直接介绍文化知识。在我国，课堂是学生学习英语的主要场所，学生获得英语知识基本上来自课堂，其他时候，学生很少接触英语使用环境。因此，教师在课堂上应该多准备一些语言的文化背景知识，将教材内容与文化背景结合起来教授，这样可以调动学生的积极性和求知欲，调节课堂气氛，保证教学顺利进行。

（2）对比分析法

对比分析法就是在文化教学中将其他国家的语言文化与本土文化进行对比，让学生对两种文化系统下的行为规约、文化规约进行理解和掌握。如果对某些相同点进行了解，可以方便我们对这部分内容的正迁移，而对于两种文化的不同点了解，则是为了避免出现负迁移的情况。

对比分析法是第二语言教学的重要方法，也是跨文化交际研究的最主要的办法。在运用对比分析法的时候，不能仅仅局限于对比表层的形式，而应该挖掘出深层的内涵，即不仅要进行语言对比，还要进行非语言对比。

综上所述可知，对比分析法有助于克服英语习得过程中的心理障碍，培养学生的文化知识。当然在对比两种文化的时候，教师应该起到引导的作用，不应该使学生产生偏见心理，正确认识和处理两种文化的关系。这就需要做到以下两点：

①以客观、宽容的态度来对待异国文化。

②对外国文化要去粗取精、去伪存真，并不是要求学生盲目追随，在不做任何分析的情况下全盘接受。

（3）讨论法

讨论法也是语言教学中一个常用的办法。在课堂教学中，教师可以将学生分成几个小组，进行小组讨论或者集体讨论。以小组为单位，学生对接触到的文化内容进行简短的介绍、讨论、分析、对比，这不仅可以有效地提高学生对英美文化的敏感性，也可以帮助学生发现英美文化中的一些特征。

（4）借助媒体法

媒体手段主要有电视、电影、计算机等，这些都是日常生活中人们常用的设备，通过这些设备，学生可以了解更多的西方国家的风俗习惯、社会生活、日常用语等，而且可以了解和掌握不同地区、阶层的语言特色及一些常用的非语言手段。这尤其体现在一些电视节目中，常常会出现一些常用的手势、表情等，这为学生提供了丰富的学习素材，当然学生要专门观看介绍西方文化的纪录片是更直接、更直观的。

（5）课外学习法

课堂的时间是有限的，而英语文化内容的复杂性也决定着学生应该利用充足的课外时间来扩展自身的文化知识，这就需要教师加以引导。

教师可以帮助学生在课外开展丰富多样的文化活动，如开展介绍西方文化的讲座、文艺晚会、知识竞赛等。

（6）文化旁白法

所谓文化旁白，是指在进行语言教学的时候，教师在读与听的内容中掺入一些文化知识，也可以简单理解为见缝插针。文化旁白法是一种较为简单的形式，也是传授社会文化知识的重要方法之一。目前大学英语课文中，很多文章都会涉及作者背景、时代背景、内容背景，因此教师在教授这部分知识的时候，插入这些文化背景，学生会更容易理解。

大学英语的教学目标突出了对学生全面能力的培养，强调了语言的交际功能和学生的语言交际能力，把语言的文化因素纳入学生的语言基础、学习技能及策略的培养内容中。

## （二）大学英语情感教学模式

### 1. 情感教学的概述

情感因素是一组复杂的心理因素的组合体，具有不确定性和易变性。语言学习中的情感因素分为两大类：一类是学习者的个体因素，包括焦虑、抑制、性格、动机等；另一类是学习者与学习者之间及学习者与教师之间的情感因素，包括移情、课堂交流、跨文化意识等。语言学习的过程也是学生获得全面发展的过程。英语的学习离不开学生的情感因素，培养会学习、会创造、会思维和会实践的高素质人才更离不开情感因素。

（1）情感的概述

①情感的定义

情感是人脑的一种机能，是对客观事物抱有不同好恶而产生的内心变化和外部表现。

由于态度与情感有着密切的联系，所以这里先对"态度"的定义加以说明。态度是一个人对待外在事物、活动或自身的思想行为所持的一种向与背、是与非的概括的倾向性。态度可以分为两种对应关系：肯定态度和否定态度、积极态度和消极态度。尽管态度与情感有一定的联系，但这并不意味着情感就是态度。

②情感的分类与功能

A. 情感的分类，情感可以分为积极情感和消极情感两大类。

B. 情感的功能。情感主要有以下功能：激智功能。积极的情感通常可以有效地促进学习者智力技能的发挥。所谓的智力技能就是智力因素，包括情感、知觉、记忆、注意、想象等。

动力功能。人的智力因素形成了学习的操作系统；而人的非智力因素构成了学习的动力系统。

情感功能。情感能够调节学生的自信心和焦虑心情，也可以改变学习的节奏，延缓疲劳。

感染功能。教师在课堂上流露出的情感对学生的学习情绪有直接的影响。

移情功能。教师的人格品质和举止行为可通过情感影响教学效果，学生也会把对教师的情感迁移到所学的学科中来。

③情感与态度

A. 积极与消极情感态度，态度是指一个人对待外在事物、活动或自身思想行为所持有的一种是非倾向。情感主要可以分为肯定态度和否定态度、积极态度和消极态度。态度与情感息息相关，但是不能说情感就是态度。

我们都知道，学生如果具有强烈的学习动机、浓厚的学习兴趣和大胆的实践精神，那么他们的学习就比没有这些情感态度的学生要高。具备了这些情感要素，学生在遇到各种学习困难时，就会凭借坚强的意志和足够的自信克服与解决它们。

消极的情感也会影响学生学习潜能的发挥。当学生在学习过程中处于一种消极的情感态度时，他们就会对学习产生抵触心理，变得害羞、胆怯、内向、孤僻等。这种态度显然不利于学生很好地参与教学活动，更不会主动展示自己，所以其学习实践就会相对受限。

B. 外语学习的情感态度，外语学习中的情感态度主要包括动机、兴趣、自信、意志、合作精神等。

这些情感态度与学生的学习效果有着密切的联系。同时，情感态度对学生在学习过程中逐渐形成祖国意识和国际视野也非常有帮助。外语学习要求学生不仅要具备相关的智力因素，还要建立必要的情感因素。

一旦外语学习的态度形成，就会很稳定，不会轻易改变。这种现象在外语学习较差的学生身上表现得特别明显。在外语教学的初级阶段就应该高度重视学生的外语学习分化的问题。一旦这种语言水平出现了分化，将会很难克服或者必须经过很大努力才能克服。当然，我们也不能否认很多学生在教师的帮助和鼓励下逐渐恢复了对外语学习的信心，改变了原来消极的学习态度。

总之，外语学习的态度对学生的语言学习有重要意义。因为外语教学不仅要充分发展人的智力因素及对认知过程进行优化，还要依靠其他一切心理因素和认知过程紧密配合，学生的学习效率才会得到显著的提高。

（2）情感教学的意义

①情感教学可以有效地提高学生的英语学习效果

消极的情感因素不仅会严重影响学生学习潜力的发挥，还会降低教师教学的效果，教师再好、教材再棒、教法再精彩，学生的英语水平仍然得不到提高。相反，如果学生有着积极的情感，他们便能创造有利于学习的心理状态。

②情感教学可以有效地促进学生的长远发展

从这个意义上来说，情感已经不仅仅是语言教学的问题，甚至不是教育本身的问题，而上升至人的发展问题。教师在教学中要不断激发并强化学生的学习兴趣，并引导他们逐渐将兴趣转化为稳定的学习动机，帮助他们树立英语学习的信心，正确地看待自身的进步和不足，激励他们克服困难、团结合作、共同提高。

重知轻情的教学模式带来的实际效果差强人意。结合理论和实践的情感教学模式充分重视和有效调动情感潜在能量，最大限度地发挥情感因素的积极作用，优化教学，促进并加快了学生英语综合能力的全面、和谐发展。

2. 情感教学的内涵

情感教学模式以情感为主线，旨在通过对教学中情感因素的充分重视和有效调动，最大限度地发挥情感因素的积极作用来优化教学的一种新型教学模式。

（1）情感教学的定义

对于情感教学的定义，不同的学者有不同的观点和看法，以下介绍三种观点。

A. 情感教学是指运用情感的形式来对教学的主导思想进行优化，即"以情优教"，它的主要内涵是在认知心理学的基础上，充分发挥教学中的情感因素来完善教学目标、改进教学程序、优化教学结果。

B. 情感教学是指在教学过程中，师生都处于积极的情感状态中，教师通过语言、行为、态度等手段来调动学生的情感，从而达到教学活动的积极最大化。

C. 情感教学是教师在教学活动的基础上，运用一定的教学手段来激发、调动甚至满足学生的情感需求，从而将认知与情感完美地统一起来，达到最佳的教学效果，促进学生全面、和谐发展。

虽然以上三种观点存在着不一致性，但是对情感教学本质的认识还是非常相同的，那就是在尊重学生个体特征的基础上，运用一定的教学手段或者教学方法来满足学生的情感需要，从而促进学生全面发展。

（2）情感教学的基本原则

①寓教于乐原则

寓教于乐原则是最核心的原则，主要是让教学活动在学生快乐的情绪下进行，教师在教学活动中要能够预测和把握好一切的变量，激发出学生的学习兴趣和积极性，使学生乐于接受、乐于学习。在这一原则的贯彻过程中，教师不能整节课都处于调节情绪上，应当把调节情绪作为教学活动的一个突破口，使学生的学习状态达到最佳的层次，同时也保证课堂活动的正常进行。

②移情原则

一个人的情感可以从其他人的身上转移到相关的对象身上，将其放在具体的教学中，主要包含两个方面：一是教师的个人情感影响学生情感，这里的情感包含教师水平、道德品质、人格魅力等；二是文章的人物情感影响学生情感。在这一原则的贯彻过程中，教师应该引导学生体会作者的写作情感和意图，让学生在实际的学习中陶冶情感。

③情感交融原则

情感交融原则是指师生之间的情感，这种情感的优劣影响到学生的情感反应，和谐的师生关系有助于学生的学习积极性及教学效果的优化。众所周知，教学活动是在教师和学生二者之间进行的，属于一项传递师生之间情感的特殊交流活动。因此，这一原则在教学活动中必须遵守。

④以情施教原则

以情施教原则是最具有代表性的原则，主要是以情促知，达到情知交融，通俗来说，就是教师在授课的时候应该引入积极的情感，使情感和知识融为一体。在这一原则的贯彻过程中，教师首先要具备充沛的积极情感，只有教师自身的情感积极性强才能带动学生的情感积极性。此外，这一原则也可以应用于处理实际的教学内容。

情感教学模式在英语课堂中的运用，能使学生经常沉浸在教学所营造的良好情绪氛围之中，能对学生的情感发展水平产生直接的或潜移默化的影响；让学生体验到语言在生活中的实际演练和学会运用所学语言的成就感，使他们敢于尝试和开放自己，勇于从实践中提高自己的英语表达能力。

3. 英语情感教学的内容

在新课程标准目标结构中，情感态度主要包括动机兴趣、自信意志、合作精神、祖国意识、国际视野五个部分。一方面，这五个部分均属于外语学习中利于学习的积极情感因素；另一方面，教学中还有很多消极因素，如过度焦虑、内向、害羞、胆怯、缺乏动机和兴趣、怕困难等。阿诺德将外语教学中的情感因素分为两类：一类是学习者的个体因素，如焦虑、抑制、性格、动机等；另一类是学习者之间及教师之间的情感因素，如移情、课堂交流、跨文化意识等。影响外语教学的情感因素错综复杂，它们互相关联、相互作用，有时很难将其影响归于一种或几种因素。但通常认为，对外语学习产生直接影响的情感因素至少包括五个方面。

（1）焦虑

焦虑是指个人的自信心和自尊心受到威胁时产生的担忧的反应倾向。

导致焦虑产生的原因有学习者个性差异、文化背景差异、教学方式差异。在学习过程中，一定程度的焦虑是不可避免的，但同时也是不可或缺的。在具体的大学英语教学过程中必须减轻学生的焦虑，同时也要让学生有适度的紧张感。就前者而言，教师要对学生在使用语言时所犯的错误持容忍态度，并且要敢于承认自己的不足和错误，为学生树立榜样，使他们明白语言能力是在不断地产生错误和纠正错误中获得的，如果害怕出错，将永远不会有进步；鼓励学生大胆地参与各种英语活动，并对他们的进步进行表扬，使他们时刻感受到自己的点滴进步和成功的喜悦；同时尽量避免学生之间不必要的竞争。就后者而言，适度的紧张感能够使学生认识到只有通过努力才能达到某种目标，以此来挖掘他们的学习潜能，激发他们的学习动力。

（2）抑制

抑制是指为自我保护而采取的回避或退缩行为。抑制是一种需要很强的控制能力的情感，与学习者的自制力有很大的关系。

（3）动机

动机是由内部动因与外部诱因相结合而形成的心理状态，它是由自身发动并加以维持的主观原因。通常而言，内部动因常由自身的迫切需要而引起，外部诱因则常由与需要相应的客观存在而引起。因此，愿望、意向、兴趣能产生动因，目标能产生诱因。二者的有机结合就形成了动机。

动机可以分为两种：由内部动因进而形成外部诱因的内部动机和由外部诱因进而形成内部动因的外部动机。外语学习者对外语学习本身的兴趣和热爱均属于内部动机。具有内部动机的学习者其英语学习会更有持久性，不易受外界因素的干扰。相反地，具有外部动机的学习者一般是为了一些外部因素而学习的，如通过考试、获得文凭，或受到奖励及出国等。这种学习者的英语学习不会坚持太久，一旦达到目的，就会立即放弃学习。

（4）自尊心

自尊来源于人们对自身价值的评价，具体是指学习者对自身能力或价值的认识和评价。自尊心一般包括安全感、认同感、归属感、目的感和胜任感五个方面。学生的自尊心强烈程度影响其语言学习的效果。在同一语言环境中，缺乏自信、焦虑感强、害怕出错的学生一般不敢大胆回答问题和参与各种英语活动，所以经常会失去很多语言实践的机会，导致学习效果不明显。这就需要教师在英语教学中，针对不同个性的学生采用不同的教学方法，尽量为学生提供更多的可理解输入，要多为学生设置一些难度较低的任务，以使他们感受到自己的进步，当他们获得好的评价时，就会增强自尊心和提升成就感。

（5）移情

移情是指设身处地地想象和理解他人的思想、情感并产生共鸣。移情并不意味着要放弃自己的情感体验，也不是必须同意他人的观点，而是对他人的思想、情感、行为方式的尊重、理解和接受。

4. 情感教学的实施办法

（1）加强学生认知，激发学生积极性

受传统单一教学模式及应试教育的影响，学生普遍缺乏积极性和主动性。而大学英语改革正在如火如荼地进行，新的教学改革要求学生应该主动参与课堂活动，参与知识的构建，因此学生必须改变传统被动接受知识的形式，而是充分发挥自身的主观能动作用，使自己更能适应社会发展的需要，如对于发音不准确的学生，教师可以安排学生利用课余时间进行语音训练，帮助学生纠音；对于语法知识不熟悉的学生，可以让学生多读一些课外读物，从实际的应用中了解语法；对于不明白的，教师可以对其进行单独讲解。

（2）帮助学生克服情感态度方面的问题

焦虑情绪是伴随整个学习过程的，严重的可能会引起害怕或者紧张。因此，教师应该帮助学生努力克服这些困难，在这一点上，教师可以从以下七个方面着手：

①善于发现每位学生的优点，并将其不断扩大。

②通过关爱、呵护每位学生来保护他们的自尊。

③适当降低对学生的一些要求，让他们尝到成功的甜头。

④学会帮助学生分析错误并加以指正，而不是大声训斥。

⑤多与学习困难的学生进行交流，并鼓励他们迎难而上。

⑥对于学习困难的学生的提高要有所期待。

⑦通过组建学习小组来保证学习困难学生的参与。

（3）建立良好的师生关系

①展现教学的魅力

教师将教学的魅力展现在学生面前，有助于吸引学生的注意力，使整个教学活动充满动力和情趣，学生的注意力也会非常集中，当然兴趣就很快被激发出来了。

②真诚地爱护每一位学生

教师要拥有真诚的品质，这不仅是道德层面，也是教学层面。教师对于每一位学生都是公平的、真诚的，这不分学生的优劣，只有心与心的交流，尤其是对于学习比较困难的学生，更应该予以关怀与鼓励，同时尽量少批评和指责，要相信他们。

③完善自身个性

教师应该具备内在的人格魅力，使自己拥有负责、真诚、宽容、热情及幽默等优秀品质，不断努力完善自己的个性。

情感教学模式在大学英语课堂上的运用，教师能在教学中开发教学情感氛围，将爱与尊重融入教学全过程，以情激情，以教育情，以文寓情；注重形成评价，以评促情；加强自身素养和人格魅力，以德育情，真正成为学生学习的合作者、引导者与参与者；学生能在这种充满爱和被尊重的氛围中，充分发挥学习主动性和创造性，能够自主地获取知识、发展能力，提高其综合英语运用能力。情感教学模式在大学英语教学中的运用将素质教育目标落到实处，并逐渐形成和树立带有个性特色的教学风格，推动教育理论和教学改革的深入开展。

## （三）大学英语混合式教学模式

### 1. 混合式教学模式的概述

混合式教学，是将在线教学和传统教学的优势结合起来的一种"线上+线下"的教学。通过两种教学组织形式的有机结合，可以把学习者的学习由浅到深地引向深度学习。

混合式教学模式的优点在于结合了传统教学方式的优势和网络化教学的优势，不仅体现了教师启发、引导、设计教学过程的主导作用，而且也突出了学生作为学习中心的主体地位。教师的教学模式、教学策略、角色也都相应地发生改变。高校英语混合式教学是教学理念的转变，也是教学活动或教学手段的转变，从以前单纯的以教师为中心的教学模式向以学生为中心教学模式转变，因此，教学模式的转变要求高校英语教师角色发生相应的转变，这就要求高校英语教师应由传统教师改为应用当前教学模式的新型角色。

### 2. 混合式教学模式下高校英语教师的角色定位

混合式教学模式在高校英语课程逐步得到广泛应用，这促使高校英语教师的角色也应该发生根本的变化。新的教学模式要求高校英语教师应充分利用网络技术的优势，调整自身的角色，担任混合式教学中的设计者、引导者、宣讲师、参与者、评价者、监督者。

（1）设计者

在高校英语混合式教学中，高校英语教师须根据教学内容提前规划教学目标、教学任务、教学重点等。通过互联网和手机，教师根据内容布置任务，提前设计各种训练项目和小组活动。教师只有做好整体教学设计，学生再根据教师的要求，到图书馆、网上查阅资料，开展线上学习和完成线上任务。因此，高校英语教师是一个名副其实的设计者。

（2）引导者

在混合式教学模式中，教师应把以前的主导教学转变为引导式教学，即通过教师合理的引导，学生根据自己的兴趣和需求选择感兴趣的内容，制订自己的学习计划和目标，从而达到英语应用能力的提升。

有一部分学生因基础差，对英语学习有畏惧心理，不敢或羞于开口说英语，其主要原因是缺少专业引导。

在网络教学中，学生面对繁杂的资源和学习途径往往抓不到重点，不知如何自主学习、如何利用网络资源，这时需要教师的正确引导。

（3）宣讲师

教师在课堂上讲解的内容比起学生自主学习的内容，学生反映更容易记住和理解教师在课堂上的讲解。因此，教师须从教学内容上讲解学习的重点和难点，提升教学方法，让学生在课堂上学习起来更容易理解和掌握，学习效率提高，学习效果更好。因此，高校英语教师作为优秀的宣讲师，须具备清晰的思路、丰富的学识、多种教学方法和手段。

（4）参与者

因网络技术的交互性，教师在新的教学模式中和学生应建立新型的师生关系。在课堂学习中，教师可采用多种角色扮演、小组活动等教学手段让学生参与课堂活动，成为学习的主体。教师作为合作者参与其中，有利于得到学生的理解和信任，从而建立民主、平等、互动性强的师生关系。

另外，也可通过雨课堂、世纪大学城、QQ 等互动方式参与学生的小组活动和讨论，分享自己的观点和看法，不断鼓励学生，善于发现学生的进步，增强与学生的互动性，不断改进教学方法，为以后的教学奠定良好的基础。

（5）评价者

学习评价是教学中的重要一环，良好的评价机制对教学会产生积极的作用。在混合式教学模式中，教师宜采用过程性评价为主、期末终结性评价为辅的评价原则。过程性评价主要考评学生的学习过程、检查学生自学记录、小组活动情况，及时纠正学生学习存在的问题。

教师还可通过雨课堂手机平台，给学生在线进行预习课件、实时测评，及时发现和解决学生面临的问题。因此教师是高校英语教学的评价者，有效的评价能推动学生取得更大的进步。

（6）监督者

有些学生自我管控能力和自我学习能力还有待提高，教师要通过一定的手段观察学生的学习进度和过程，监督学生利用网络自主学习的效果。突出以学生为中心的教学模式中，教师要做好监督员，有效地组织好课堂教学。在课堂活动中，要观察学生的情绪和对掌握教学内容的反应，及时给出应对策略。

在网络化学习中，教师可通过技术手段监控学生在线上自主学习情况和效果，也可通过雨课堂进行实时测评等手段进行监督，保证学生的学习效果。

3. 混合式教学模式的构建

（1）网络资源建设

混合式教学模式可以利用网络在线教学的优势来增强学生的学习效果。网络资源建设为混合式教学提供了有力的支撑。因此，建立网络教学资源库是开展混合式教学必不可少的条件。网络教学资源库的内容可以是课程教学视频、PPT 教学课件、测试题库、微课、教学文本等。教师根据每一章节教学内容录制教学视频，学生可以根据自身的学习情况点播。对于教学难点，教师可以用信息化手段制作相关微课，帮助学生突破学习难点。

（2）创新教学设计

传统的高校英语教学模式更多地关注知识的传授，而对于学生能力的培养关注不够，这种教学模式不利于学生的全面发展。实施高校英语混合式教学可以从教学设计上激发学生学习的主观能动性，从而弥补传统教学方式的不足。以课前活动为例，教师在课前需要对本次授课内容进行充分的准备，否则混合式教学就是虚无的空中楼阁，无法落到实地。因此，教师的课前准备活动就不仅仅是传统意义上的研读教材、撰写教案、查阅相关教学资料，而是在此基础上，在教学平台上从布置学习任务、跟踪学习及时反馈、收集学习问题、调整课堂活动等方面入手进行教学活动的准备。

（3）制定合理的考核评价方式

高校英语混合式教学的学习评价采用的是多元评价方法，即线上评价与线下评价相结合，过程性评价与实践性作业成果相结合，小组评价、个人评价、教师评价相结合等方法。教师可以根据实际教学情况选择其中几种评价模式，从而形成立体化、多层次的多元评价模式。

依据教学实践中的混合式教学多元评价模式，期末最终成绩计算如下所示：最终成绩=平时成绩（40%）+期末闭卷考试成绩（60%）。其中，平时成绩考核主要由平时表现（30%）和实践项目作业（10%）两部分构成。

平时成绩的组成来自学生登录教学网络平台学习次数（30%），参与话题讨论的次数（15%）、课堂回答问题（15%）、课堂考勤（30%）和作业成绩（10%）。实践项目的作业一般由应用文书写的书面作业及在语音室完成的交际口语场景会话两部分组成，前者分数占实践作业的50%，主要由教师进行打分点评，后者占实践作业的50%，其中小组互评的分数占20%，教师评价的分数占30%。

# 第三章 多文化视角下大学英语教学模式构建

## 第一节 多文化背景下的大学英语文化教学

### 一、文化的概念

"文化"原本是个农业用语，意思是"栽培"，后来以隐喻的方式引申为"后天栽培出来的人性"。长期以来，文化是指一个民族的生活方式，是该民族成员习得的行为模式、态度及该民族取得的物质成果。

文化是在历史的进展中为生活而创造出的设计，包含外显和潜隐的，也包括理性的、不理性的和非理性的一切，在某特定时间内，为人类行为潜在的指针。

文化是构成人类群体独特成就的模式，包括外显和潜隐的模式，包括行为的模式及指导行为的模式，它是借着象征来获得并传递的。

文化有两种含义。第一，文化是指"一个社群内的行为模式"，也就是说社群内规则的一再发生的活动，以及物质的布局和社会的布局。文化是指可观察现象的领域。第二，文化指组织性的知识体系和信仰体系，一个民族借着这种体系来建构他们的经验和知觉、规约他们的行为、决定他们的选择。文化指的是观念的领域。

文化是一个理念体系，指的是某特定社会群体的行为特质及其受社会传递的模式。

文化是人类生活的反映、活动的记录、历史的沉积，是人们对生活的需要和要求、理想和愿望，是人们的高级精神生活，是人们认识自然、思考自己，是人的精神得以承托的框架。它包含了一定的思想和理论，是人们对伦理、道德和秩序的认定与遵循，是人们生活生存的方式、方法与准则。思想和理论是文化的核心、灵魂，没有思想和理论的文化是不存在的。任何一种文化都包含有一种思想和理论、生存的方式和方法。

## 二、语言与文化的关系

语言包括两个部分：语言能力，即语言的体系或结构；语言行为，即一句偶发的言语或一整套言语。语言能力先于语言行为并且实际地产生语言行为。语言能力建立在对基本规则的掌握之上，这些规则是句子形成的基础。语言是一种表达思想的符号系统，因此它能与书写系统、聋哑人的手势语、象征性的仪式、礼貌形式、军事信号等相类比，它不过是最重要的符号系统。

语言是一个符号系统，是一个由音位、语素、词和词组、句子和篇章等构成的层级系统。同时，语言还是交际工具、思维工具、信息传递工具、感情表达工具。

符号学考察了符号在文化中的运行方式。理解一种文化，就意味着对它的符号系统进行探测和解释。只有当符号借助人们有意无意地采用的文化惯例和规则得到破译，符号才会呈现出意义。语言的背后是有东西的，而且语言不能离开文化而存在。语言与文化关系复杂有以下两层意思：一是语言与广义的文化关系；二是语言与狭义的文化关系，如思维的关系等。关于语言与广义的文化关系，学者之间意见分歧并不大，但关于语言与狭义的文化关系，学者之间意见并没有统一。各个研究者对其间的关系各持己见，归纳起来，大致有以下四种观点：

①语言就是文化，是一个民族文化中的核心部分。一个民族的语言就是他们的精神，一个民族的精神就是他们的语言。

②语言是文化的一部分。任何语言都是习得的行为方式的复杂体，语言也是一种文化现象。人们完全有理由认为，语言只是文化的一部分，而不能说文化就是语言。也就是说，文化不等于语言，文化大于语言。然而这种包容关系只是语言与文化之间的复杂关系的一个方面。一个社会的语言是该社会的文化的一个方面，语言和文化是部分与整体的关系，语言作为文化的组成部分，其特殊性表现

在：语言是学习文化的重要工具，人在学习和应用的过程中领略、认识文化。语言的大部分内容包括在文化之中，语言与文化的交叉部分就是从他人处学来的语言部分。即除了不是从他人处学到的部分外，语言是完全包括在文化之中的。语言与文化之间是一种交叉关系。语言系统本身是构成文化大系统的要素之一，文化大系统的其他要素都必须由语言来传达，从而得到演变发展。

③语言是文化的载体。语言是文化传播和传承最重要的手段，语言是文化的主要表达形式和传播工具，语言是人类思维的工具，是人类形成思想和表达思想的工具。人类思想的形成借助语言的同时又要通过语言来表达。语言是一面镜子，它反映出各种社会及不同社会不同历史时期的文化特征。人们学习语言、运用语言，同时也是在学习文化、获得文化。

④语言和文化相互制约、相互影响。语言是文化的产物，人们对语言的理解受到特定文化经验的制约。语言对文化有反作用，语言和文化互为结果。语言是人的习惯或风俗，它与其他风俗一样，是精神文化的一部分，语言的学习也是文化的学习。文化对语言来说，不仅是一个存在环境的问题，还渗透到了语言形成与发展的各个方面。语言既反映其他文化，也反映语言本身。语言是文化产生和发展的关键，文化的发展也促使语言更加丰富和细腻。语言与文化之间的关系是双向的影响制约关系，语言对文化有制约，文化对语言也有影响和制约。

总之，语言是文化的载体，凝聚着一个民族的文化发展成果。文化是一个民族或群体共有的行为模式和生活方式，是一个群体共享的思想、信仰、情感和行为的总和。语言是一种主要的交际模式，文化构成交际环境，语言和文化有着密切的联系。对于精神文化而言，它的形成和表达更是离不开语言。但语言，包括它的使用方式在内，是不能超越文化而独立存在的。文化的发展能够推动和促进语言的发展。同样，语言的发达和丰富，也是整个文化发展的必要前提。没有语言的人类文化不可思议。同样，离开了文化，语言也不可能存在。语言和文化的关系在人类的交际活动中体现得淋漓尽致。

## 三、基于现状的高校英语文化教学的重构

1. 帮助学生完善文化条件下的行为，对所有人都表现出文化条件下的理解。

2. 帮助学生增进对人们言行产生影响的社会内容的了解，如年龄、性别、社会阶层和居住场所。

3. 帮助学生培养对目标语文化中一般情况下习惯性行为的兴趣。

4. 帮助学生培养对目标语言中字词的文化蕴含意义的兴趣。

5. 帮助学生用准确的证据来评价目标语文化的归纳能力。

6. 帮助学生掌握目标语文化信息所需的技能。

7. 刺激学生对目标语文化的兴趣，并鼓励对目标语人产生认同感。

这七大目标可以视为外语学习者文化知识学习的终极目标。毫无疑问，我国的文化教学研究已经取得一些成就，但其中存在的问题也是显而易见的。针对这些问题，我们应该对高校英语文化教学进行重构。

第一，进一步加强文化教学理论研究的实际运用。

仅仅学习某种语言是不够的，还必须学习怎样使用那种语言，即必须掌握使用那种语言进行交际的能力。学生文化知识和文化能力较之其语言知识和能力相距太远。尽管我们在文化教学的理论研究方面收获颇丰，但在语言课堂上的实施远远落后于理论研究，多数教师仍以输入语言知识为主，即使一些教师在课堂上涉及了文化内容，也是只略谈他们自己的喜好，所授的文化教学的内容很不系统。

第二，加强母语文化教育，培养文化平等意识。

跨文化教育主要研究的内容有以下方面：①文化差异及其对于交际的影响；②不同民族和不同文化之间的共同点和差异；③跨文化接触及场合；④语言及文化，双语教育及翻译问题；⑤特殊的文化模式及其对于跨文化交际的影响；⑥非语言交际；⑦内圈和外圈的组成及民族中心主义；⑧文化休克和文化适应；⑨民族、种族和亚文化；⑩对不同种族、民族和国家的成见。

高校英语教育的任务不仅是语言知识的传授和语言技能的培养，更担负着培养跨文化交际人才的重任。基于跨文化交际中出现的"中国文化失语症"，高校英语教学必须重视母语文化教育与文化平等意识的培养，其间应不断渗透中国文化元素，培养学生强烈的民族自豪感和文化平等交流的意识。在文化教学中注重对学生的价值观引导。在高校英语教学中对学生实施价值观引导，是完成高校英语教学目标要求的重要手段。在文化教学中进一步实现母语文化与目的语文化的互动。跨文化交际是双向的，外语学习者既要学习和理解目的语文化和本民族文化，也要学会这些文化的外语表达，以达到文化双向融合的目的。

必须调整现有的教材内容，增加母语文化。教材中编入有关外国人士评价中国文化的文章，或是中外文化对比的文章，或是中国优秀的文学作品片段。

发挥文化教学中的教师主导性和学生的主体性作用。在文化教学中，学习主体具有多元化特点，学习主体在知识、能力等方面的差异导致他们学习效果的差异。教师应当针对他们的不同特点，利用有针对性的教学材料，突出学生主体的个体性，对他们进行思维能力的训练与培养，合理地进行价值观引导。

第三，提倡教师发展，提高教师队伍素质。

应该培训英语教师的文化教学能力，外语教师应像政府部门的外交官或其他官员一样，了解本国文化和目的语国家的文化。理想的英语教师应充当文化的调停者。调停的一个方面，就是在两种不同的文化中寻找出一致性。教师发展应采取的活动包括观摩同事上课、阅读学术期刊、参加各种研讨会、与其他教师合作进行教学科研活动，还可充分利用互联网。应建立严格的教师培训制度，这是外语教学成功的一个重要保证。对教师进行语言学、心理语言学、社会语言学、心理学、教育学及二语习得、语言教育学等应用学科的知识的培训，以期达到有效地提高教师的业务水平的目的。在外语学习的起始阶段，应在英语教学大纲中建立一套操作性强的文化目标，而且在不同的外语学习阶段，文化目标的重点也应有所不同，因为不同年龄段学习者的外语文化学习的智力能力和语言能力是不同的，母语及相关的文化知识的发展水平也是不平衡的。

第四，文化测试与语言测试相结合。

长期以来，我们的语言测试是以翻译、词汇、听写及填空等形式出现，注重的是语言技能的测试。学生面对考试的压力，他们无暇顾及似乎与考试无太大关系的英语文化知识的学习与积累。我们缺乏有效的考试系统来评估文化学习和教学。针对学生对中国文化及其英语表达的生疏，可以选择一些关于中国文化为话题的作文，提高学生对文化的敏感性和自觉性。为了提高文化教学的效率，有必要把语言测试与文化测试有机结合，在语言测试材料中涵盖价值、信仰等文化信息。

外语教育必须同时培养学生的语言能力和文化能力，注意培养学生的跨文化意识和跨文化交际能力。学生通过学习目的语，反思自己的母语，了解语言的普遍规律；通过母语文化与目的语文化的交流，反思母语文化，以增进学生对母语文化的理解和热爱；将母语文化和目的语文化进行比较，培养文化移情态度，克服跨文化交往中的文化冲突，成为具有多文化视野的跨文化人。

语言与文化的这种相互依存的关系决定了语言教学中文化所占据的重要地位。外语教学中加入目的语文化教学已经普遍被语言学家和教育家所认同，外语教学的过程既是一个语言学习的过程，又是一个语言使用的过程，更是一个文化学习的过程。一个科学完整的外语教学体系，必须把外语语言教学与文化教学紧密地结合起来，注重目的语文化的输入和中国文化的输出，以培养学生的跨文化交际意识和有效得体的跨文化交际能力为最终目标。对于语言和文化关系的理解，直接涉及教学思想和教学实践，我们不应该一谈文化在教学中的重要性，就简单地将文化作为教学中的出发点和归宿，忽视语言自身的教学。文化虽然是语言教学不可或缺的一个方面，但如果没有语言作为载体，文化也就成了无源之水、无本之木。文化知识的导入应在语言教学的大前提下进行，尤其在基础阶段的教学中更应加大语言基本功的训练，不能让文化教学喧宾夺主。总之，我们应当注意在教学中处理好文化内容和基础知识的关系，分清主次。

## 四、多文化视角下有效促进大学英语母语文化教学的策略思考

### （一）与新的英语课程学习方案，实施新的英语教学模式

以往的《高等学校英语专业英语教学大纲》历来都只是重视英语国家的历史地理、文化传统和风俗习惯的教学与学习，大学英语四、六级考试被视为评价学生英语能力的主要标准，而对母语文化的系统学习则置之不理，主要表现在课程设置方面，大多数学校对于母语文化的教育仅仅只有大学语文一门课程，并且在所选的英语教材方面，所涉及到的文章基本都是关于英语国家文化的原著。因

此，为了加强对母语文化的学习，首先应该多增设一些中国传统文化的课程，在选择英语教材时，也可以补充一些弘扬中国优秀文化的文章，汉语和英语的学习是平等的地位，我们应该充分利用母语和母语文化学习的经验，将其发挥在英语的学习过程中，使其两者的学习相得益彰。在教学模式方面，有条件的学校则可以使用外籍教师和中国教师合作教学的方式，这一点在江西外语外贸职业学院英语系的口语课程中有所体现。中国教师和外籍教师可以一起备课，合作教学，这样可以有效地提高学生对母语文化的英文表达学习，同时加深对英语文化的理解。

## （二）提高教师的文化素养，重新定位教师的文化身份

当前很多英语教师都是在应试教育的环境下成长起来的，他们自身的中国文化功底不深。因此在教学生的过程中，也只是注重对英语语言字词句的讲解，而对其背后的文化价值体系避而不谈。所以，作为英语教师，应努力培养自身的母语文化意识，提高文化素养，多出国学习进修，这样才能在教学中，充分比较中国文化和英语文化的差异，更准确地将知识传授给学生，做学生的文化引导人，从而提高学生的跨文化交际能力。

## （三）培养学生自主学习能力，使其成为"文化大使"的角色

作为学生，他们除了在英语课堂上要积极配合教师，成为课堂的主体之外，在课后他们也应努力提高自己的文化底蕴和人文素养，认真阅读文、史、哲等经典作品，充分利用网络的优势，通过电影、音乐等多种方式去了解中西文化的差异，努力使自己成为能够胜任向西方传授中国文化的"文化大师"。

# 第二节　大学英语教学中多文化教育及实施途径

## 一、英语语法和篇章教学中的跨文化教育

### （一）英语语法教学中的跨文化教育

语法是语言表达方式的小结，它揭示了连字成词、组词成句、句合成篇的基本规律。每一种语言都有其独特的语法体系，不同的语言使用不同的语法系统和规则来指导与评价该语言群体的语言使用。英语是一种形态语言，其语法关系主要是通过其本身的形态变化和借助一定的虚词来表达的。英语句子多靠形合，汉语句子多靠意合。英语句子能够形成紧凑严密的树形结构，是因为有各种连接词起到了黏合剂的作用。汉语句子的线性结构灵活流畅，是因为没有过多的"黏合剂"，句段之间可不用任何连接符号，而靠语义上的联系结合在一起。如"If winter comes, can spring be far behind?"一看到连词 if 两句的语法关系便了然于胸。与英语句法比较，汉语重语义轻形式。对汉语句子理解一般要靠环境以及文化背景等方面因素的整体把握。如"打得赢就打，打不赢就走，还怕没办法?"看上去像是一连串动词的堆砌，几个短句之间无连接词语，但其上下文的语义使它们浑然一体。如要表达"他是我的一个朋友"，不能说"He's my afriend."，而应该说"He's a friend of mine."，双重所有格准确地体现了"他"与"我的朋友们"之间的部分关系。这就是我们常说的英语重形合，汉语重意合；西方人重理性和逻辑思维，汉民族重悟性和辩证思维。所以，在日常语法教学中，适时恰当地引入目的语文化元素，将中西文化差异进行对比，既能使学生获得目的语的文化知识，又能使枯燥无味的语法学习变得鲜活有趣，从而提高学生的学习兴趣。

### （二）英语篇章教学中的跨文化教育

外语教师在篇章教学过程中，要坚持介绍文章作者生平、故事或事件文化历

史背景及其他相关文化科学知识，解释因文化差异而产生理解困难的句子。这些对拓宽学生的文化视野、感受文化差异、消除阅读障碍有很大帮助。

## 二、英语翻译和写作教学中的跨文化教育

### （一）英语翻译教学中的跨文化教育

被看作是两种语言转换过程的翻译活动绝不仅仅是从一种语言到另一种语言的传递，也不可能是字、词、句之间的机械转换，它是两种文化之间的跨文化交流活动。因此，不了解文化之间的差异无疑会在翻译过程中产生很大障碍。学生在翻译中常出现的最严重的错误往往不是表达不当造成的，而是文化差异所造成的障碍。

1. 地域和历史方面的文化差异对翻译的影响

所谓地域文化就是指由所处地域、自然条件和地理环境所形成的文化现象，其表现就是不同民族对同一种现象或事物表达形式采用不同的言语。例如，汉语中人们常用"雨后春笋"来形容新事物的迅速涌现或蓬勃发展，但是英语中却用 Spring up like mushrooms，汉语中的"多如牛毛"表示事物之多，而英语中则用 Plentiful as blackberries。中国在地理环境上属于半封闭的大河大陆型，自古以来，人们生活和生产活动主要是依附在土地上。因此，汉语词汇和习语有许多都与"土"有关，如"土生土长、土洋并举、土特产"等。但在英译时它们都失去了"土地"一词的字面意思。

2. 思维方式和价值观的差异对翻译的影响

思维方式的差异本质上是文化差异的表现，长久生活在不同区域的人具有不同的文化特征，因而也形成了不同的思维方式。英语民族的思维是个体的、独特的，而中国人注重整体、综合、概括思维。表现在语言上，英语偏好用词具体细腻，而汉语用词概括模糊。例如"说"一词，英语有"say、speak、tell"等，这些词可以表达不同情况下"说"的意思。这样使语言简洁准确，又富于变化、形象生动。而汉语往往趋向于泛指，在"说"前加副词修饰语，如语无伦次地说、低声地说、嘟嘟囔囔地说。

### (二) 英语写作教学中的跨文化教育

英汉两种语言的篇章结构与其思维模式相关，有什么样的思维模式就有什么样的语篇组织结构。西方文化注重线性的因果式思维，而中国文化偏重直觉和整体式思维。这就导致语篇结构方面的巨大差异。英语句子组织严密、层次井然有序，其句法功能一望便知。而汉语句子成分之间没有英语那么多的黏合剂，较少地使用连接手段，句子看上去显得松散，句子间的逻辑联系从外表不易看出。汉语思维模式呈螺旋形，其思维习惯在书面语言上的表现形式是迂回曲折，不直接切入主题。而是在主题外围"兜圈子"或"旁敲侧击"，最后进入主题。"文若看山不喜平"是典型的汉语修辞模式，也成为衡量文采的标准。英语篇章的组织和发展是"直线式"，通常先开门见山、直抒己见，以主题句开始，直截了当地陈述主题，然后用事实说明，即先有主题句，后接自然衔接的例证句。英美人的思维方式决定了英语写作中出现主题句的必然。

## 三、多文化视角下的国内高校英语教学变革策略

### (一) 明确教育改革方向，树立文化教育价值观

1. 创新教学方法，融合语言教学与文化培养

为了提高高校英语教育的质量，教师应该积极引入多文化元素，并设计各种文化活动培养学生的文化修养，从而使学生可以更深入地理解语言的结构和用法，更好地了解英语文化。语言和文化是密不可分的，英语教育体系的建设必须与文化知识相结合。英语教育不应该过于功利，而应该融入文化，彰显人文特质。高校英语教学应当确立文化教育目标，培养学生良好的文化意识，并使其学会如何在实际应用中运用语言。通过培养多文化意识，不仅可以帮助学生更深入地理解英语语法，还能促进他们养成正确的语言学习习惯，从而提高英语教学的效果，实现语言教学的创新发展。

2. 形成开放思维，创新文化教学途径

从文化的继承和发展来看，语言是最主要的载体，而文化又具有表达语言的

价值。大学英语教学不能仅仅局限于语言知识的学习，要把文化和创造有机地结合起来，要有意识、有目的地把多文化观念融入对语言的理解之中。中国文化与西方文化的碰撞，可以极大地激发学生在不同文化环境下对语言的运用进行深刻的理解和思考，并能自发地总结出在不同文化环境下语言运用的个性化和差别。多文化观念是大学英语学习的重要基础和载体，它可以帮助学生成长为具有较高文化素质和较强英语专业知识的人才，即目前国际上需要进行交流和合作的重要人才。在激烈的竞争中，文化素质是提升学生核心能力的关键。

3. 引导文化包容，提高英语文化教育内涵

现阶段，随着教学改革工作的全面开展，想要保证高校与社会发展相接轨，要改变传统的思维观念，将多文化与英语教学进行有效的结合。学生应该拥有一种包容的心态，在面对不同文化时，要坚持求同存异的正确态度。汉语与西方文化有着显著的差异，因此，我们应该培养学生对不同文化的尊重和接纳，以便他们能够更好地理解和尊重这些文化，并且避免产生对立和盲目崇拜的情绪。在大学英语课堂上，教师应该传授正确的文化价值观，帮助学生从不同文化视角理解英语的发展规律，并通过客观和理性的分析消除学生的盲从。这样，学生才能更好地掌握英语，并在未来的工作和生活中更好地应用它。通过多文化的积极引导，教师可以帮助学生更好地理解和运用英语，并培养学生的科学和合理的思维方式。

## （二）增强教育改革力度，贯彻实施多元化教学策略

1. 明确教育目标，优化教学模式

时代的发展，同时也是文化的推动。"只有受过教育的人才是自由的。"文化的发展也是教育的发展，想保证一个社会的进步，便要将教育当成重要环节。在当下高校教育改革工作中，想保证英语教学改革的完美实现，需要将多元化与教学进行有效的结合。在多元化中包括"多样化"，"多样化"的教学方法是大学英语课程中不可或缺的一部分。实现大学教育目标的关键在于教师如何通过改革和创新提高教育质量，英语教学策略的制定必须基于明确的目标，这是建立一个有效的教育体系的关键。

确定一个明确的教育目标是实现这一目标的第一步。实施有效的教学计划需

要科学的目标指导。在制定目标时，高校应该充分考虑学生的个人特点和英语水平。英语教学目标不仅在于提高语言能力，还应该注重培养学生的文化素养和跨文化交流能力。通过英语教学，使得学生能够更好地理解和应用所学知识，并能够将其运用到实际生活中。在大学英语课堂上，教师应该自觉地将文化教育融入课程，教师应具备良好的文化素养，以确保学生能够有效地实现教学目标。

2. 丰富教学途径，完善教学资源

教师、学生、教材、设备等是英语教学的主要资源，通过对参与者的互动进行科学、合理的调节，可以使教师、学生、教材、器材等多种教学资源多样化。英语教学与文化传播和教学资源深度挖掘紧密相关。此外，教师还可以通过多媒体把英语中的知识和声音材料有机结合起来，制作出符合学生特点的多媒体课件，把抽象的知识变成生动的文化信息，使英语文化课的趣味性得到提升，使学生对英语文化的学习产生浓厚的兴趣。教师对教学资源的再利用使得英语文化教学资源更加丰富，能够引导学生独立接受文化的熏陶，从而丰富学生的英语文化内涵。

3. 构建文化课程，整合优化资源

英语专业人才在社会发展中扮演着重要的角色，对此，培养英语专业人才是英语教育的最终目标。拥有广博的知识和出色的能力，并且拥有深厚的文化底蕴，是复合型人才的特质。目前国内大学英语课程旨在为学生提供全面的英语学习体验，但是在文化层面上，这些课程仍有待改进。为了提高大学英语教学的质量，高校必须重视课程群的开发，特别是引入文化类课程。这样教师才能实时优化文化资源，使英语课程的文化特色和语言文化传承得到最大限度的提升。

通过重新设计文化课程组架构，可以有效地解决目前课程体系的松散问题，将不同学科的知识和文化内涵有机结合起来。为了提高英语课程的质量，高校要全面推进并建立一个英语文化课程群，这不仅是实现优化的必要条件，也是提高英语教学质量的必然选择。

（三）加深教育改革意识，建立科学可行的文化评价机制

1. 树立包容意识，提升文化接受能力

高校不应该只关注文化本身，应该适当提高学生的文化识别能力和选择性接

受意识。在建立正确的文化包容意识的基础上，教师应该有选择地吸收西方文化，以促进自己文化多样性和发展。通过这种方式，学生才能真正地掌握英语，并在日常生活中更好地运用它。文化是一种复杂的现象，它既有静态的特征，也有动态的发展和变化，因此，教师还应该重视对学生文化平等的培养，避免让他们一味地崇尚外来文化。

2. 树立自信意识，提升文化自觉自省

文化自觉是学生在语言教学中必须具有的基本文化素质，这对重构语言教学系统至关重要。学生应该积极预防"全盘西化"的不良现象，对其进行深刻的剖析和探索，并对其进行深入的了解。一切文化都有自己的特点，大学生要强化对国家文化的继承，并积极地吸收其中的精华，树立正确的文化观念，对文化深刻理解和总结，进而提升自己的文化水平。

3. 树立科学意识，构建现代评估体系

传统的评估方法通常是终结性评估，它们的优点在于简单易行，但缺乏科学性和可持续性。此外，形成性评估既要对学生的学习进行阶段性评估，也要对其日常学习行为进行全面的监测。学生形成性评估最大的优点在于它能全面地理解和掌握学生的动态学习过程，帮助他们迅速、准确地理解问题，并对问题进行细致的分析，采取相应的对策。

英语评价的形式多种多样，不仅要让教师评价学生，还要让学生评价学生、学生评价教师等，只有这样才能实现评价视角的多样化，促进教师的整体教学，促进学生的学习行为习惯的最佳化。大学英语教学中的形成性评估也可以将文化因素纳入英语教学中，以文化的角度来评估学生的英语学习成效。对英语教学进行综合评估，应在英语教学中合理选取合适的评估方法，采取结论性和过程性的评估方法，强强联合，从而为英语教学工作的顺利进行打下坚实的基础。

# 第三节　多文化交际下的大学英语教学模式构建

## 一、对文化因素在语言教学中的重要性认识

外语教学应该包括对学习者语言能力、语言运用能力、社会文化能力和跨文化交际能力的培养。其中跨文化交际能力的培养首先涉及对本族文化和目的语文化的态度转变。无论对于研究者还是普通外语学习者而言，文化能力即有关风俗、习惯、价值观、信仰和意义系统的知识，毋庸置疑地应该成为外语学习不可分割的一部分。许多教师已经开始把文化教学作为一个教学目标融入语言课程中。在过去 20 年中已经受到足够重视的交际能力，强调的是"语境"的作用，认为在不同情境中交际者应该得体地运用语言。语境中蕴含着文化规则，发生在具体语境中的交际行为受文化的限制，所以实现有效、得体的交际要求交际者既了解语言的语法知识（语法能力），又能够解读语境中暗含的文化意义；两种能力相互补充形成交际能力。当然，我们早已对以"行为主义模式"为中心的语言学习方法进行了批判，在此模式下，语言学习就是句型模仿，语言就是用来表述事件的词和句子的简单组合。

在过去 20 年中，研究语言与社会的关系成为潮流，外语教学方法与手段、教学模式发生了很明显的转变。然而，仍然有一些与语言教学的本质有关的信念深植于人们心中，决定了外语课程的内容，这种信念潜移默化地削弱了语言课程中的文化教学，阻碍了学生跨文化交际能力的培养。把语言仅仅当作一种符号，只学习语法规则无疑是一种错误的观念。在某种程度上，如果只对与语言有关的社会动态给予关注，而不能对社会和文化的结构有深远的洞察力，也可能导致跨文化交际中的误解。所以，外语学习就是外国文化的学习，在外语课堂中应该教授文化，这是毫无疑问的。值得重视的是，"文化"的含义是什么，怎样才能将文化融入语言教学中。文化之于语言学习不是可有可无的第五种技能，它附属于听、说、读、写的教学。从学习外语的第一天起，文化就一直存在于背景中，时

刻准备着扰乱不设防的学习者，挑战他们认识周围世界的能力，使学习者们意识到他们辛苦学得的交际能力的局限性。

缺乏了文化因素的外语教学是不准确的，也是不完整的。对于外语学习者，如果他们对于以目的语为母语的人们的生活习惯或是国家状况一无所知，那么语言学习是毫无意义的。学习目的语文化的重要性随着语言学习者与外国文化越来越频繁的接触而逐步凸显出来，因为他们在跨文化交流中碰到的最大障碍往往与语言的熟练程度无关。这种障碍就是母语文化的缺失，其直接后果就是语用失误。文化语用失误比单纯的语言错误更容易在跨文化交际过程中造成不良影响。如果说话者出现发音不准、用词不当、语法错误等语言问题，受话者一般都能谅解，甚至会对说话人敢于交谈的勇气表示钦佩。但对于说话者的语用失误，受话者就很难原谅。

外语学习者在学习一门语言时不应忽视目的语文化。随着文化在语言习得中的重要性逐渐被肯定，语言教学研究者和语言教学工作者开始进一步探讨如何能够有效地在外语教学过程中渗透文化知识，于是就产生了"文化教学"这一概念。外语教学的目的主要是培养学生把语言作为交际工具来掌握。寓语言教学于文化背景的目的之一是发现并排除干扰语言交际的因素。不同文化层上的语用失误贯穿英语学习和使用的每个阶段。因此，不同阶段的语言教学应与不向层次的文化教学有机地结合起来，从而建立一个相应的文化认知系统，以使学生英语水平得到全面的提高。

## 二、对文化教学与文化培训概念的理解

文化教学与文化培训是培养学生跨文化交际能力的两种模式。它们既有共性又有差别。二者都是跨文化交际学形成的土壤和研究的主要内容。通过对跨文化交际学理论的学习和实践，我们充分地意识到文化教学是一个伴随着语言教学的漫长而又复杂的教学过程。它要求教师具有高度的文化意识与敏感性，能灵活且创造性地将语言与文化的教学方法和内容结合起来。而文化培训则是一个短期的极具针对性的教学过程，其目标是培养出国人员或移民的跨文化交际能力，帮助他们在异国他乡与来自不同文化的人们友好相处。

## （一）文化教学

文化教学可采取三种不同的形式：其一，在外语教学过程中开设的文化课程；其二，将文化因素融入外语课程；其三，课外文化体验或实践活动。文化教学的对象主要是在校大学生，他们有机会参与各种形式的跨文化交流活动，如听外籍教师讲课、参加国际学术会议、短期或长期出国学习、参加国际夏令营、去跨国公司实习等。文化教学致力于提高语言学习者的跨文化意识和培养其跨文化交际能力。在外语课堂教学过程中，教师可采用专题讲座的形式传授那些直接或间接参与交际的目标语文化知识，也可把文化教学融于语言教学中，通过对两种文化的对比，使学生对文化差异有较高的敏感性，并能在两种文化间自如地进行角色转换，从而达到成功交际的目的。传统意义上的文化教学是指教师讲授目的语国家的历史、地理、政府机构、文学艺术等背景知识。

文化教学应该从七个方面启发学生：第一，受文化制约的行为意识；第二，语言和社会变量的相互作用；第三，一般情况下的常规行为；第四，词和词组的文化内涵；第五，对目标语文化通性的评估；第六，对目标语文化的探究；第七，对其他社会群体的态度。通过教学实践和社会检验，高校英语教师普遍认识到文化教学不仅仅是讲授英美国家的文化现象或介绍一些文化事实，而且还要培养学生的文化意识，采用有效的教学模式，寓文化于英语教学之中，方可达到培养学生跨文化交际能力之目标。如果学生只是死记硬背一些文化事实，往往会造成在跨文化交际过程中因循守旧、不善变通的后果，因为文化不是一成不变的，只有让学生真正理解跨文化交际的原理、懂得跨文化交际的技巧、掌握英美文化和语言，才能达到得心应手进行交际的境界，这才是文化教学的真正内涵。

鉴于文化概念的复杂性和文化内容的宽泛性，文化教学不可能涵盖所有的文化因素，所以国内外学者一般认为语言教学中添加文化教学内容或者渗透文化知识应该遵循四项教学原则：①实用性原则；②阶段性原则；③适度性原则；④科学性原则。由于外语教学的最终目的是培养学生的跨文化交际能力，文化教学必须贯穿语言教学的整个过程。文化因素的复杂程度与语言形式的难易程度并不一定成正比，即使是简单的语言形式也可能因为文化的问题而导致语用失误。

所以在外语教学中教师要自始至终将语言与文化结合起来教学，即把语言形式置于社会语境中进行教学，让学生按照一定的语用原则操练或使用语言。这样的教学才能使语言知识富有生命力，使学生具备跨文化交际能力。那么文化到底包括什么内容呢？从宏观上看，文化包括三个方面的内容：①观念文化——历史、哲学、文学、艺术、科学技术、价值观念等；②制度文化——社会制度、政治制度、法律制度、经济制度、风俗习惯、生活方式等；③物质文化——服装、饮食、建筑物、交通工具等。由于文化内容纷繁复杂，在实际的课堂教学过程中，教师有必要对文化内容进行适当的调整、归类并与语言教学科学地结合起来。具体到英语课堂教学实践，英美文化教学的内容可以概括为五个方面。

1. 英语词语的文化内涵

任何一个民族的语言，其词语承载着该民族文化的大量信息，是外族人理解该民族文化的重要线索。英语词语的文化内涵，包括英语词语的指代范畴、感情色彩和联想意义，以及成语、典故、谚语、俗语的比喻义和引申义。由于词语在英汉两种语言之间的文化差异是英语学习的主要障碍之一，教师在进行词汇教学时要注意英语词语的文化意义在英语和汉语之间的对比。

2. 英美文化背景知识

背景知识是英语文化的重要组成部分。研究表明，在阅读过程中，理解文章的关键在于激活阅读者的知识图式，即让学生正确地使用已有背景知识去填补文中一些非连续空白，使文中其他信息连成统一一体。英语语言国家的民族风俗、社会行为模式、历史、地理等方面的知识是学生产生合理的推测和联想的基础，有助其更好地理解文章的含义。

3. 英语句法、篇章结构特点和英美思维方式

英语句子较长，以动词为核心，其主干旁支结构分明，主从成分层次明晰，呈树型结构。英语句子语法结构严谨，逻辑关系明显，重分析轻意合。而汉语句子较短，无严格的语法约束，重意合。英语的动词曲折变化形式可表示时间概念。而汉语则要用时间状语表达时间概念。英语的篇章结构一般呈直线型，而汉语的篇章则呈螺旋形或曲线形。英语文章主题明确、脉络清晰、逻辑性强。而汉语文章的特点是含蓄委婉、"曲径通幽"。教师可通过对比分析，让学生掌握英

语句法和篇章结构特点。英美人士在习得英语的过程中，受英语文字符号特性的影响，形成了逻辑思维优先的习惯。而中国人在习得汉语的过程中，受汉字符号特性的影响，形成了突出的形象思维习惯。

4. 英语交际风格和行为方式

英美人士和中国人在交际习惯与行为方式上存在着巨大差异。例如美国人和中国人交际风格差异可概括为直接与间接差异、线性与圆式差异、自信与谦卑差异、侃侃而谈与沉默寡言差异、详尽与简洁差异、人和任务为中心与关系和地位为中心差异。一般来说，美国人在交际时倾向于直截了当、开门见山、一步一步、直奔主题；美国人崇尚自信，相信只有通过言语，进行详尽严密的交谈，才能达到交流和解决问题的目的；美国人喜欢就事论事，不关注重社会因素和人际关系对交谈主题的影响。美中两种文化的交际风格差异很大，双方只有事先对交际风格差异有所了解。且交际时有意识地调整自己，才能取得良好的交际效果。教师还应该引导学生了解英美人士在言语行为和非言语行为方面的表现。在言语行为方面的表现主要包括称谓、打招呼、告别、问候、祝愿、致谢、表扬、禁忌、委婉语等。在非言语行为方面的表现主要包括身体动作、面部表情、衣着、服饰、音调、音量、守时、体距等。

(二) 文化培训

文化培训是一项高度专业化的教学形式，其目标是培养出国人员或移民的跨文化交际能力，具体地说，就是帮助人们在异国他乡的陌生环境中有效地工作，愉快地生活，与来自不同文化的人们友好相处。文化培训在很大程度上取决于对培训对象、文化调适过程、跨文化交际环境和培训方法等问题的理解与研究。跨文化培训在帮助学习者正确认识文化冲撞的必然性和积极意义，了解文化冲撞产生的原因之后，就可以从文化冲撞入手，利用文化冲撞对学习者所带来的情感和认知的冲击，来增强他们的跨文化意识，从而开始系统培训。文化调适一般需要经历三个阶段：紧张痛苦阶段、逐渐适应阶段和稳步提高阶段。由于对跨文化培训的需求日益增加，跨文化培训方法也越来越多。通过归纳，主要有六种培训方法：①文化现实为主的培训；②归因培训；③文化意识培训；④认知行为调整；

⑤体验式学习；⑥互动式学习。这些跨文化培训方法对于我们在新的教学模式下进行文化教学具有参考价值，特别是"文化意识培训""体验式学习"和"互动式学习"值得我们效仿。

## 三、跨文化交际大学英语教学模式的构建

大学英语教学是高等教育的一个有机组成部分，大学英语课程是大学生的一门必修基础课程。大学英语是以英语语言知识与应用技能、学习策略和跨文化交际为主要内容，以外语教学理论为指导，并融多种教学模式和教学手段为一体的教学体系。大学英语的教学目标是培养学生的英语综合应用能力，特别是听说能力，使他们在今后工作和社会交往中能用英语有效地进行口头与书面的信息交流，同时增强其自主学习能力，提高文化素养，以适应我国社会发展和国际交流的要求。

### （一）制定教学目标所遵循的原则

1. 既有总体目标又有个性化目标。
2. 根据《大学英语课程教学要求》确定总体教学目标。
3. 通过需求分析确定本校个性化教学目标，满足学生需求。
4. 所有目标必须符合时代特点。
5. 培养掌握双语言双文化的人才是确定总体目标和个性化目标的基础。

### （二）确定语言教学内容所遵循的原则

1. 以《大学英语课程教学要求》和需求分析为依据确定教学内容。
2. 语言内容应与文化内容相辅相成。
3. 尽量选择有文化内涵的语言项目。
4. 内容典型，重点突出，不应增加学生的学习负担。
5. 语言教学内容难度参考克拉辛"i+r"原则。

### （三）确定文化教学内容所遵循的原则

1. 文化内容应与语言内容相辅相成。

2. 交际文化内容优先于知识文化内容。

3. 选定典型文化差异内容，杜绝文化负迁移。

4. 选定两种文化相通的内容，充分利用文化正迁移。

5. 要构建成一个开放式文化内容体系，鼓励学生接触不同的文化观点和价值观念。

6. 文化内容要有正确导向，帮助学生克服民族中心主义。

7. 文化教学既要包括语言技能和交际策略训练，又要包括学生人文素质培养。

（四）使用教材所遵循的原则

1. 引进理念先进、语料真实的国外教材。

2. 采用优秀的国内教材。

3. 自行编写符合本校教学要求的教材。

（五）课堂语言教学所遵循的原则

1. 听、说、读、写、译齐头并进，全面发展。

2. 在认知语言规则的基础上进行操练，创造有意义的学习情景。

3. 课堂教学以学生为中心，以教师为指导。

4. 创造活跃、轻松的课堂气氛，鼓励课堂互动。

5. 让学生了解每一个课堂活动的目的，反思参与课堂活动所获得的经验和感受。

6. 考虑学生的个体差异，采取灵活的对策引导学生积极参与活动。

7. 充分利用网络多媒体等高科技手段，使英语教学情景化和交际化。

8. 综合运用言语交际活动的八种要素：情景，功能，意念，社会、性别、心理作用，语体，重音和语调，语法和词汇，语言辅助手段。

9. 使用真实语篇，培养学生交际能力。

10. 强调运用目标语训练交际。

11. 提供机会使学习者不仅重视语言而且重视学习过程自身。

12. 将课堂学习与课外语言活动紧密结合起来。

13. 适时地对学生的语言错误进行分析和疏导。

## （六）课堂文化教学所遵循的原则

1. 在课堂设计中融入"合作式学习""研讨式学习"的教学理念。

2. 设计丰富多彩的第二课堂文化实践与体验活动，增加体验式学习的机会。

3. 根据文化教学特点、学生学习风格、教学条件等因素灵活运用教学方法。

# 四、教学目的

应用视角下的英语教学目的以语言应用技能为目标，对学生进行听、说、读、写、译五个方面的技能训练，以提高学生的英语综合应用能力。跨文化交际视角下的英语教学则注重学生整体沟通能力的建构，语言技能作为沟通能力的一个方面包含于宏观的能力和素质之中。根据我国最新的高校英语教学大纲《大学英语课程教学要求》，综合两种视角下的英语教学，为高校英语教学大纲确定了总体教学目标：培养学生的跨文化交际能力。因此在培训语言基本技能的英语教学过程中添加文化内容，增设文化知识的课程、跨文化交际课程、双语文化类课程等已成为必要之举。根据跨文化交际能力的构成内容、高校英语课程的教学目标及课程体系特点，跨文化交际高校英语教学目的可细化为以下四个方面：

## （一）培养学生的英语综合应用能力

就英语语言教学而言，我们将从语言能力、语言技能和语言运用等方面对学生进行培养。根据高校新生入学的英语水平、摸底测试结果和专业特点、就业需求、深造需求，我们除了确定适合高校学生的英语培养目标外，还从《大学英语课程教学要求》中选定了适合学校具体情况的"较高要求"列入了学校的《大学英语教学大纲》。我们按照"较高要求"从听、说、读、写、译、词汇六个方面确定教学内容，决定教学策略和方法，开设相应的课程，以提高学生的英语综合应用能力。高校大学英语教学的具体要求如下：①听力理解能力：能听懂英语谈话和讲座；能基本听懂题材熟悉、篇幅较长的英语广播和电视节目；语速为每分钟 150~180 词，能掌握其中心大意，抓住要点和细节；能基本听懂用英语讲授的专业课程。②口语表达能力：能用英语就一般性话题进行比较流利的会话，能基本表达个人意见、情感、观点等，能基本陈述事实、理由和描述事件，表达清楚，语音、语调基本正确。③阅读理解能力：能基本读懂英语国家大众性报纸杂志上一般性题材的文章，阅读速度为每分钟 70~90 词；在快速阅读篇幅较长、难度适中的材料时，阅读速度达到每分钟 120 词；能阅读所学专业的综述性文献，并能正确理解中心大意，抓住主要事实和有关细节。④书面表达能力：能基本上就一般性的主题表达个人观点，能写所学专业论文的英文摘要，能写所学专业的英语小论文，能描述各种图表，能在半小时内写出不少于 160 词的短文，内容完整、观点明确、条理清楚、语句通顺。⑤翻译能力：能摘译所学专业的英语文献资料，能借助词典翻译英语国家大众性报刊上题材熟悉的文章，英汉译速为每小时约 350 个英语单词；汉英译速为每小时约 300 个汉字。译文通顺达意，理解和语言表达错误较少；能使用适当的翻译技巧。⑥推荐词汇量：掌握的词汇量应达到约 6395 个单词和 1200 个词组，其中约 2200 个单词为积极词汇。

## （二）培养学生的跨文化交际认知能力

英语综合应用能力是跨文化交际能力的一部分。高校大学英语教学的终极目标是培养学生的跨文化交际能力。跨文化交际能力是进行成功的跨文化交际所需要的能力，即与不同文化背景的人们进行有效的、适宜的交际的能力。跨文化交际能力一般包括三个基本因素：认知因素、情感因素、行为因素。这里的认知因素是指跨文化意识，即人们在对本国文化和外国文化理解的基础上形成的对周围世界认知上的变化和对自己行为模式的调整。情感因素是指跨文化交际过程中人们的情绪、态度和文化敏感度。行为因素指的是人们进行有效的、适宜的跨文化交际行为的各种能力和技能，比如获取语言信息和运用语言信息的能力，如何开始交谈、在交谈中如何进行话轮转换，及如何结束交谈的技能和移情的能力，等等。跨文化交际过程中的认知，是指人在特定交际环境中处理和加工语言文化信息的过程。跨文化的认知能力是获得跨文化知识、跨文化交际规则及提高跨文化交际意识的基础，包括文化认知能力和交际认知能力。在跨文化交际高校英语教学中，我们应该优先培养学生的跨文化的认知能力。

1. 文化认知能力

文化认知能力是指在了解母语和目的语双方文化参照体系的前提下，所具备的跨文化思维能力和跨文化情节能力。跨文化交际要求交际者既了解自己所在文化体系的文化风俗、价值观念、思维模式和行为取向，又了解目的语文化的对应知识。只有了解双方文化的参照体系，交际者才可以在跨文化交际语境中调整自己的行为模式，预测交际对象的行为取向，为有效交际做好准备。跨文化思维能力是指交际者在了解交际对象文化的思维习惯的基础上，能够进行跨文化的思维活动，是高层次的跨文化交际能力。交际过程中交际主体的知觉对象主要是组成沟通环境的各种事物，即交际行为发生在一定的语境中。福格斯为情节下的定义是"某一特定文化环境中典型的交往序列定式"，跨文化情节能力是交际者在特定语境中按照交往序列定式交际的能力。

2. 交际认知能力

跨文化交际能力既包括对目的语交际模式和交际习惯的了解，也包括对目的语语言体系、交际规则和交际策略的掌握。高校英语教学的主要内容是语言，掌握语言知识和应用规则是其重要的教学目标之一。由于各文化体系中人们的价值取向不同，交际规则差别很大，不了解对方文化的交际规则，即使正确使用目的语言也不能保证有效的交际结果。因此，外语学习者只有了解交际对象在文化方面的交际规则、学习其交际策略才能在行为层面上表现出跨文化交际能力。

（三）培养学生跨文化情感能力

情感是指人对于客观事物是否符合自己需要而产生的态度体验。情感反映的是具有一定需要的主体与客观事物之间的关系，是对客观世界的一种特殊的反映形式，属于心理现象中的高级层面，能够影响到认知层面的心理过程。情感、态度和动机，能够影响对事物的认识和解决问题的方式。交际过程中的文化情感能力主要指交际者的移情能力和自我心理调适能力。

1. 移情能力

培养学生的移情能力是指培养学生克服民族中心主义的能力、换位思考能力及形成得体交际动机的能力。作为文化群体的一员，交际个体都有民族中心主义的倾向，以本民族文化为标准评价其他文化，对其他文化存在文化思维定式、偏见和反感情绪。培养跨文化交际能力的课程体系能够增加学生对其他文化的认识，提高跨文化交际意识和克服民族中心主义的负面影响。

2. 自我心理调适能力

在跨文化交际语境中，交际主体会因文化差异产生心理焦虑或感到心理压力。因此，培养学生的自我心理调节能力、对目的语文化中不确定因素的接受能力和保持自信和宽容的能力，是重要的文化教学目标。

（四）培养学生的跨文化行为能力

跨文化行为能力是指人们进行有效的、适宜的跨文化交际行为的各种能力，比如正确运用语言的能力，通过非言语手段交换信息的能力，灵活运用交际策略的能力，与对方建立关系的能力，控制交谈内容、方式和过程的能力等。跨文化交际的行为能力是跨文化交际能力的最终体现。跨文化行为能力的形成需要以认知能力和情感能力作为基础。在跨文化交际高校英语教学过程中，我们拟着重培养学生的三种跨文化行为能力：言语行为能力、非言语行为能力和跨文化关系能力。

1. 言语行为能力

言语行为能力的基础是语言能力和语言行为。语言能力包括词法、语音、语法、句法、语篇等语言知识，语言行为是正确使用语言的能力。因此我们应该从跨文化交际角度培养学生言语行为能力，使学生了解词汇的文化隐含意义、句法构成习惯及篇章结构布局等。

2. 非言语行为能力

培养学生非言语交际能力，提高有效沟通能力。非语言交际行为包括肢体动作、身体姿态、面部表情、目光接触、交流体距、音调高低等。在交际中，非语言交际行为所传递的信息量远远超过了言语行为所传递的信息量。

3. 跨文化关系能力

培养学生的跨文化关系能力，保证跨文化交际的顺利进行。跨文化关系能力包括与目的语文化的交际对象建立并保持关系的策略能力，在不同的交际情境中的应变能力。语言综合应用能力、跨文化认知能力、情感能力和行为能力构成了跨文化交际能力的主体，是跨文化教学的重要目标。

# 五、教学内容

## （一）语言基础教学内容

1. 语法结构项目

（1）词语层面：名词、代词、限定词、数词、时态、被动语态、短语动词、不定式、现在分词、动名词、过去分词、情态动词、虚拟语气、介词、形容词、副词，构词法。

（2）句子层面：句型、句子成分、名词从句、直接引语、间接引语、形容词从句、同位语、副词从句。

（3）超语句层面：并列结构、插入语、倒装语序、强调、省略、替代、标定符号。

2. 功能意念项目

（1）寒暄：问候、告别、称呼、介绍、致谢、道歉、同情、祝贺、邀请、提议。

（2）态度：愿意、决心、决定、责备、抱怨、允许、同意、建议、命令、相信、怀疑、认定、预告、提醒、承诺。

（3）情感：高兴、担忧、焦虑、惊奇、满意、失望、恼怒、恐惧、欲望。

（4）时间：时刻、时段、时间关系、频度、时序。

（5）空间：位置、方向、距离、运动。

（6）计量：长度、宽度、深度、容量、速度、准确度、温度、近视、平均、比率、比例、估计、最大限度、最小限度。

（7）信息：定义、解释、澄清争辩、叙述、描述、演示、概括、结论。

（8）关系：对比、比较、相似、差异、所属、因果、目的、让步、真实条件、非真实条件、假定、假设、部分和整体关系。

（9）计算：加、减、乘、除、增加、减少、百分数。

（10）特性：形状、颜色、材料、规格、功能和应用。

3. 语言技能项目（听、说、读、写、译）

（1）辨别音素。

（2）辨别重音。

（3）辨别语调类型。

（4）理解话语的交际功能。

（5）理解语篇的主题或大意。

（6）领会说话人的观点、态度或意图。

（7）标准语音语调。

（8）善于提问和回答。

（9）复述故事或短文。

（10）就日常生活话题进行对话。

（11）口头作文。

（12）采访书。

（13）即兴简短讲演。

4. 阅读技能

（1）理解主题和中心思想。

（2）辨认关键细节。

（3）区分事实和看法。

（4）推论。

（5）做结论。

（6）略读以获取文章大意。

（7）快读以查找特定信息。

（8）利用上下文线索猜测生词或短语的含义。

（9）理解句子内部关系。

（10）参阅附加信息技能。

5. 写作技能

（1）句子写作。

（2）段落写作。

（3）篇章写作（描写文、叙述文、说明文、论说文、应用文）。

（4）写提纲。

（5）写摘要。

（6）做笔记。

（7）有提示和无提示即兴作文。

6. 翻译技能

（1）直译。

（2）意译。

（3）直意兼译。

（4）成语典故翻译。

（5）合同条文翻译。

（6）校对。

（二）文化嵌入与文化教学内容

1. 生活必需：就餐、住宿、购物、看病、乘行、穿着、节假日、搬家、医疗、保健。

2. 人际关系：称呼、寒暄、介绍、打电话、通信、邀请、接受、拒绝、拜访、会客、共餐、聚会、帮忙、交友、送礼、祝贺、告别。

3. 娱乐消遣：看电影、观剧、游览、看电视、周末娱乐、别墅生活、欢度节日、听音乐会、体育。

4. 情感态度：兴奋、懊恼、沮丧、厌恶、惊讶、遗憾、请求、要求、怀疑、感谢、同情、赞扬、谦虚、道歉、服从、妥协。

5. 观点意见：讨论、评论、征求意见、建议、同意、反对。

6. 个人隐私：年龄、收入、婚姻状况、政治立场。

7. 时空意义：身体触碰、人际距离、时间划定、时间观念。

8. 家庭生活：家庭团聚、家务分工、家庭纠纷、家庭开支、亲属往来、长幼代沟。

9. 婚姻习俗：恋爱、结婚、婚变、生育。

10. 知识教育：学校教育、社会教育、校园生活、课外活动。

11. 社会职责：求职、社会活动、志愿者、犯罪。

## （三）文化心理项目

1. 社会价值观念：个人与集体、竞争与和谐、男女地位、权威与平等。

2. 人生价值观念：成就、命运、金钱、友谊。

3. 伦理观念：公正与善良、他人与自我、礼节与面子。

4. 审美观念：色彩、数字、体态。

5. 自然观念：天人相异、战胜自然、适应自然、星座凶吉。

## （四）跨文化交际因素

1. 全球化语境。

2. 文化对语言的影响。

3. 文化对交际的影响。

4. 跨文化交际障碍：心理障碍、民族中心主义、文化定式与偏见、语言障碍。

5. 跨文化言语交际。

6. 跨文化非言语交际。

7. 文化价值观。

8. 文化多样性。

# 六、课程设置

高校英语跨文化教学大纲规定，以培养跨文化交际能力为教学目的。根据这一教学目的，结合课程设计理论，设计了合理的课程体系、该体系由两个教学阶段的课程群构成：语言基础教学阶段课程体系；跨文化交际与应用阶段课程体系。

## （一）语言基础教学课程体系

高校英语基础教学课程属必修课程，共计 6 学分。在高校英语基础教学阶段，教学突出语言基本技能的培养，实施高校英语分类、分级教学动态管理机制。将高校英语课程教学要求划分为"较高要求"和"更高要求"。新生入学后，根据分类、分级的教学原则，分别进入两个级别的大学英语教学，学习期限为两个学期。为了达到上述要求，开设高校英语听说课程、读写译综合课程，视听说网络自主学习课程。高校英语听说课程和高校英语读写译综合课程都采取小班授课的形式，课堂一般采用多媒体辅助教学。听说课程一般采用听说法和交际法进行课堂教学；读写译综合课程一般采用认知法、交际法和语法—翻译法进行课堂教学。

在教学中，美籍教师采用"体验文化教学法"，以文化主题为线索进行全外语环境教学，通过话题发言、示范演讲、案例教学、小组讨论、模拟真实的说话场景、角色扮演等教学手段调动学生的学习热情，鼓励学生积极参与；通过播放电视短剧、电影片段、新闻节目等多媒体教学软件辅助教学，为学生提供相关背景知识、补充新的词汇和术语，使学生能够将语言学习与文化理解有机结合起来，加强对学生英语综合应用能力和跨文化交际能力的培养。外籍教师还根据话题的需要在教室一角摆放了各种杂志供学生课间翻阅，在教室的墙壁上张贴了大量与文化主题相关的图片、卡片、剪报、海报，努力营造全方位口语环境，使学生在全外语的、轻松的文化氛围中进行语言能力训练。除了白天的课堂教学，外教还负责组织下午课后和晚上、周末师生共同参加的棒球比赛、英语诗社、篝火晚会、读书俱乐部、电影欣赏、美国乡村舞、现代舞蹈、瑜伽、滑板、课外讲座等多种活动，让学生有不出国门的域外文化体验。国际英语口语培训项目在以下五个方面取得了显著的效果：①开阔了学生的文化视野；②极大地激发了学生学习英语的兴趣；③增强了学生用英语交流的自信心；④快速提高了学生英语语言实践应用能力和口语表达能力；⑤提高了学生跨文化交际能力。

## （二）跨文化交际与应用课程体系

跨文化交际类课程与应用类课程包括一系列可选择的必修课程，授课对象是完成了两个学期语言基础学习任务的学生。教学方式包括教师讲授、课堂讨论、学生陈述等。第3～4学期，开设多门可供选择的必修课：高校英语基础课程；高校英语跨文化交际类课程；英语应用类课程，每周4学时。额外开设若干门选修课，每周选修2学时。第3～4学期，必修课6学分和选修课4学分。第5～6学期，开设若干门选修课，每周选修课2学时，两学期共修4学分。跨文化交际类课程以讲授英美文化和跨文化交际知识为主线，用英语授课，教学目的是提高学生跨文化交际技巧和跨文化交际能力。英语应用课程着重培养学生语言应用能力，特别是英语与专业相结合的应用能力，通过培养学生的跨文化交际能力，拓宽其国际视野，提高就业和深造竞争力。本教学阶段开设的课程有20多种。跨文化交际类课程有英语演讲技巧、英语影视欣赏、英语诗歌欣赏、英国历史、西方文化概览、英美文学欣赏、中西文化对比、美国社会与文化、英语国家社会与文化、美国总统就职演说之文化分析、美国外交等。英语应用类课程有戏剧与影视文学专业英语、哲学专业英语、法律专业英语。

## （三）具体性教学策略

具体性教学策略指培养听、说、读、写能力和文化意识的教学行为。在语言教学方面，我们要求教师恰当地采用以下六种具体性教学策略：词汇教学策略、语法教学策略、阅读教学策略、写作教学策略、听说教学策略、文化教学策略。帮助学生认知词汇的教学策略有单词网、信息沟、词汇发现、词汇问题及多媒体展示等；帮助学生应用词汇的教学策略有词汇旅行、单词冲刺、单词故事、连锁故事、交叉联想等；帮助学生测评词汇的策略有文本校对、填图、纵横字谜、自评对子和学生测验等。常用的语法教学策略有迷你情景、图片案例、旅游、虚拟情景、猜测模仿、原因探究、爱好选择及图片故事。常用的阅读策略有合作阅读、先行组织、互惠阅读、学习日志、同伴指导、同伴阅读、自选阅读、质疑作者及图片故事。常见的听力教学策略有标题探索、概述选择、排序、复式听写、听与画、远距离听写等。常见的会话教学策略有图画排序、找伙伴、流程卡、角色小品、图画信息、补全对话、连锁复述、分组讨论、围圈发言、采访、"陪审团"及字条指令等。常见的写作策略有句子重组、平行写作、故事重组、框架写作、图片序列、轮式写作、拆分信件以及创作隐含对话等。教学活动：教师除采用传统说教式课文讲解以外，还可组织一系列的课堂活动。

1. 口头报告：教师提前将口头报告的题目布置给学生，学生经过课前准备后，在课堂上报告。

2. 小组讨论：以 3~5 人为单位。就课文中涉及的话题展开讨论。

3. 对子活动：两人为单位的对话练习，巩固课堂上出现的句子结构知识。

4. 角色扮演：依照课本上的对话，让学生做模仿练习，由教师给出活动场景，让学生自己设计对话内容自行分配角色，经过在小组内的预演后在班级表演。

5. 即兴演讲：根据教师临时提供的文化场景让学生做即兴的、简单的交际。

6. 信息缺口：给学生分别提供一部分信息，让学生进行合作获得全部信息。

7. 采访：让学生采访班级学生对某一问题或者某一文化现象的理解。

8. 小组辩论：将学生分为两组，分别持有相反的观点，就教材中出现的某一热点话题展开辩论。

9. 词义挖掘：在学生掌握了英语词语概念意义之后，组织课堂讨论会，然后学生根据语境、词源、搭配和英汉比较，挖掘词汇的文化内涵。

10. 习语对比：让学生将课文中出现的习语挑选出来，对比目的语与母语在习语表达方式上的异同，然后请部分学生汇报结果。比喻相同或相似：wolf in sheep′s clothing；Kill two birds with one stone 等。比喻不同：love me；love my dog；as strong as a horse 等。

案例分析：组织学生就课文中的某一典型语言现象或文化现象进行讨论分析，然后由教师点评，以帮助学生理解和把握相关概念和文化现象。

共享信息：布置一些语言或文化题目，让学生去图书馆或上网查阅相关信息，然后将获取的信息与全班同学共享，以培养学生合作学习的习惯。

## 七、文化教学的方法和策略

文化教学的方法：外语教育中的文化教学采用三种教学法——显性文化教学法、隐性文化教学法和综合文化教学法。

## （一）显性文化教学法

显性文化教学法是指相对独立于外语教学的、较为直接系统的、以知识为重心的文化教学法。显性文化教学法的省时、高效是显而易见的。而且，这些相对独立于语言教学的自成体系的文化知识材料可以很方便地供学生随时自学。但显性文化教学法有两个致命缺陷：①使学生对异文化形成简单的理解和定型观念，影响跨文化交际的有效进行；②让学习者始终扮演着被动接受的角色，导致他们缺乏文化探究的能力和学习策略。

## （二）隐性文化教学法

隐性文化教学法是指将外语教学与文化教学自然地融合在一起的教学方法。其优点在于课堂的各种交际活动给学习者提供了一个认识和感知异文化的机会。其缺点是学习者在语言学习的过程中自然习得的外国文化缺乏系统性。

## （三）综合文化教学法

综合文化教学法是指将跨文化交际能力作为最终教学目标，综合了显性文化教学和隐性文化教学各自的优势，且兼顾了文化知识的传授与跨文化意识和行为能力的培养的教学方法。文化教学的策略：大学英语教学中，有效地实施文化教学离不开系统的文化教学策略的支持。其中，为高校英语教学过程中的文化教学设计的课堂活动有以下方面：

1. 文化实物：让每位学生展示一件代表家乡文化的物品，如典型的民族服饰、手工艺品、家乡著名建筑物模型或照片、家乡人民生活情景图片等。学生通过展示代表自己家乡文化的物品，介绍家乡文化的特色。这一活动可以开阔学生视野，增加地域文化知识，体会地域文化差异。

2. 短文仿写练习：改写一篇英国文化背景的短文，要求主题保持一致，以本民族文化为叙事和观察视角。

3. 通过习语和谚语了解文化：系统讲解英语习语和谚语、解析隐含的价值观念。

4. 发现文化身份：让学生反思自身的文化观念，确定自己的文化身份，进而深入了解自己所在文化群体的特点和文化价值取向。

5. 凭记忆画图：教师展示一幅图画，要求学生观察两分钟后凭记忆画出图中内容；通过观察、讨论不同的学生所画图画的内容，教师引导学生得出结论——受个人文化背景的影响，人们感知世界的方式是不同的。

6. 感受个体空间距离：创造不同的语境，让学生以不同的交际身份与交际对象保持某种空间距离，了解不同文化对交际者空间距离的要求，体会文化、语境、交际者的身份角色及交际对象的关系对空间距离的不同期望。

7. 文化定式：教师让学生观看不同国籍的人们的照片，要求学生用形容词说出对照片中人物的印象。通过描述对不同群体或个人的印象，了解文化定式现象，学习文化定式产生的原因、优点和缺点。

8. 回忆最初的时刻：让学生讲述其接触陌生环境最初时刻的感觉和想法，讨论不同态度和行为对人们适应和融入陌生环境与文化的影响。使学生明白，交际者与陌生环境或陌生人的最初接触会直接影响到交际双方未来关系的发展方向。此外，积极而适当的态度与行为有助于我们更好地适应和融入陌生的环境与文化。

9. 外国工艺品展：带领学生参观某一文化的工艺品展览，引导他们发现展品中蕴含的文化意义，锻炼学生观察事物的能力，培养学生的文化意识和文化敏感性。

10. 文化场景短剧：组织学生表演一幕情景短剧，其他学生一边欣赏短剧表演，一边从文化角度理解和分析短剧中的情景。短剧表演完毕，学生讨论几个问题，如短剧中发生了什么事情？剧中体现了哪些文化现象和冲突？该活动可锻炼学生的观察技能，提高学生分析文化现象的能力。

11. 感知移情：学生阅读一篇由文化认知差异引发交际问题的短文，教师引导学生就其中的问题进行讨论，培养学生移情能力，增强其跨文化交际意识，帮助学生寻找更多的提高跨文化交际能力的途径和方法。

12. 非言语交际：学生分组表演某些生活场景，展示肢体语言、空间距离、表达情感的声调和语气等。通过该课堂活动，帮助学生了解非言语交际所包含的内容及其重要性，帮助学生掌握一些非言语交际过程中应采取的恰当的行为和态度，进而加强其交际意识。

13. 采访外国人：教师布置学生就某些特定问题采访一些外国人，然后在课堂做采访汇报，要求学生比较不同的受访者做出的回答，以及他们对采访和采访问题所表现出的态度和反应。该活动旨在帮助学生了解不同文化对待某些事物看法和态度的异同。

14. 影片欣赏：教师让学生欣赏几段有关美国教育、教学方面的影片，使他们了解美国教育体系的特点，并指导学生比较中美两国教育体制的差异。

15. 辨别强语境文化和弱语境文化：教师首先向学生简要介绍强语境文化和弱语境文化的定义。然后让学生辨别不同的文化现象，使其了解强语境文化和弱语境文化，找出这两种文化模式之间的差异，进而引导学生学会接受并尊重不同文化，从而培养学生的跨文化交际意识。

16. 文化适应：教师要求学生安静地回忆其接触陌生环境和文化的经历，结合异地求学或旅游等经历来进行思考，简要地写出经历中的主要事件和情景，并回忆其当时的心情、感受和想法。该活动可帮助学生了解文化适应的过程，提高学生的跨文化交际意识和适应新环境、新文化的能力。

# 第四章 多文化视角下大学英语听力与口语教学

## 第一节 多文化视角下大学英语听力教学

### 一、大学英语听力教学概述

#### （一）英语听力的心理过程

听力理解是日常生活中的普遍活动，然而要深刻地认识它并不容易，因为听力理解涉及复杂的心理过程。从听力理解的本质上说，它既是自下而上的意义解码过程，又是自上而下的意义阐释过程，还是二者结合的过程。

1. 自下而上的意义解码过程

词汇是语言中最小的意义单位。在听力过程中，当听者面对连续的语流时，他们需要将词汇从语流中分辨出来。这是一个回顾性和前瞻性相结合的过程。词汇辨认需要听者将听到的词汇和已有的词汇建立联系，从而激活已有词汇，所以这个过程具有回顾性；而且对一个词汇的辨认是以在它之前的词汇为起点，听者按照句法和句意，从认知上对语言信息进行预先处理。

听力和阅读不同，阅读能够得到视觉信息的帮助，可以明确地发现词汇、句子及段落的特点。而在听力过程中，听者无法获得视觉信息，只能借助词义关系来辨认词汇，并且还受到母语的干扰。

，自下而上的意义解码过程包括两个子过程：一是对话语中的词汇的音素进行察觉；二是对听到的句子进行节奏划分。其中，察觉音素是首要的环节。

（1）察觉音素

人类与生俱来的神经元网络可以对所听到的信息音频进行辨析，从而可以实现察觉音素的目的。如果不学习英语，那么辨析音频的神经元网络因为没有得到运用而逐渐衰弱。

另外，英语有着复杂的语言系统，并且和汉语属于不同的语言体系。英语中的一些语言特征给察觉音素带来了困难，如连读、弱化等。连读是在英语朗读中，如果前一个单词以辅音音素结尾，后一个单词以元音音素开头，就会自然地将这个辅音和元音连接起来而构成一个音节。连读的音节一般不用重读，只是自然过渡。因为连读，听者就更加难以区分单词之间的界限，有可能会将前一个单词辅音和后一个单词连起来听成一个新单词，从而造成误解。

（2）划分节奏

在辨认词汇时，还涉及节奏的划分。划分节奏是按照英语语言的读音规则，将听到的话语切分成单词，以至于正确地处理词汇和建构意义。人类生来就获得了切分母语的技巧，他们先将语流切分成不同的语法组块，然后再切分成单词，切分技巧是以头脑中存在的"音位—词汇系统"和"音位—句法原则"为基础和前提条件，并且这些切分技巧会随着语言学习过程的推进，而变得越来越自动化。也就是说，当听者的语言能力越强，他们就越能准确地切分节奏。

以英语为母语的人在划分节奏时应遵循以下两种原则：①重音是实词出现的标志，在英语的实词中，大概有90%的实词在第一个音节上出现重音；②在语流中，每出现一个意义单位就会停顿，而每隔2~3秒钟会有一个意义单位，并且停顿单位中存在着一个明显的实词项？单词或短语。

当学生将英语作为外语来学习时，上述切分技巧可能就不适用，这必然会给听力理解带来困难。事实上，不管是什么年龄的学生，如果科学地进行听力训练，都会使自下而上的意义解码过程变得更加顺利。另外，教师也要传授英语的语音特点，帮助学生更加熟练地辨认词汇。

在大学英语听力教学中，教师可以给学生安排重音辨别的练习，使学生理解词汇辨认的策略。如果学生的英语能力较强，可以选择较长的语篇让学生做重音辨别练习。交际语境越真实，学生越容易理解重音变化和节奏划分在语言中的重要性。

2. 自上而下的意义阐释过程

自上而下的意义阐释过程是指听者利用已有知识，判断听到的内容并且预测即将要听的内容。储存在大脑中的已有知识由相互连接的节点组织起来，在听到某些信息时，听者可以激活与之相关的节点，如词汇、意象和概念等。在这个过程中，图式和语境是两个非常重要的因素。

（1）图式的重要性

储存在学生大脑中的已有知识就是图式，它是动态变化的。在人们通过听觉接收到各种新信息之后，这些新信息就和已有的旧信息发生相互作用，从而新的图式就形成了。图式的不断建立是学生理解输入信息的基础条件，同时也是信息得以丰富的过程。

（2）语境的重要性

在听力过程中，图式的不断建立也有可能使听者误解对方的意图。例如，当学生听到 turn 这个单词，就会激活与 turn 有关的图式。turn 可以形成很多搭配，它既可以表示动作，还可以表示变化。表示动作的包括 turn a corner（转过街角）、turn over a page（翻过一页）等；表示变化的包括 turn red（变红）、turn pale（变得苍白）等。所以仅仅依靠图式来进行听力理解是不够的，还必须依据上下文所提供的信息。同样，如果只是根据某个句子的表面意思来判断交际对方的想法，难免过于片面。听者只有激活与句子有关的知识并且结合语境，才能真正理解句子的真实含义。

综上所述，以上两个过程相互作用、相互影响，强行将二者区分开来是没有意义的，但是要明白听力理解的障碍来自哪个过程。听者可以通过"自下而上"的意义解码过程和"自上而下"的意义阐释过程获取重要信息。但是，无论学生有着什么样的语言能力，都不能忽视语境在听力理解中的作用。区别在于英语能力较强的学生通过语境来扩展字面意义，而英语能力弱的学生往往比较关注细节的理解，他们不完全理解字面意义而通过语境来弥补不理解的地方。

3. 英语听力心理过程的特点

（1）英语听力的本质特点

根据听力理解的本质，可以将听力理解过程的特点总结如下：

①同步性

在听力理解过程中，"听"总是伴随着"说"，二者是同步出现的。"听"的存在必然可以推断出"说"的存在，但是反过来就不成立，因此，"听"是建立在"说"的基础之上。这就要求听力教学应该注意"说"的内容和形式，以口语能力的提高促进听力能力的提高。

②短暂性

听力理解的短暂性是指所听到的信息是转瞬即逝的，不会返回，所以听者必须在当时就清楚地听到信息，否则很难补救。这就要求学生在听力理解的过程中必须全神贯注，注意听取信息及语境。

③即时性

日常交际中的听力理解是一种自发性的、偶然的、即时的活动，不能被安排、被计划，也不能够被事先演练。在听力教学中，教师同样要培养学生对这种即时活动的适应能力，在关注听力过程本身的同时学习听力技巧。

④及时反馈性

发生在日常人际交往中的听力理解，需要听者给予及时的反馈。无论听者是否听清楚、是否同意、是否反对，听者都必须表明自己的看法。当然，这种反馈信息不一定是以语言的形式表现的，还可以是表情、肢体语言等。将这一特点迁移到听力教学中，就需要学生全神贯注并积极理解听到的内容。

⑤听说轮换性

日常交际中的听话者同时也是说话者，因为人际交往是一个互动的过程。听说轮换性是指听者为了争得话语权或者自我表达而变成说话的一方。此时他们不是为了获得清晰的理解，而积极地参与语言交际。基于这一特点，听力教学应该结合口语训练来进行，让学生通过对话或者其他互动性的活动来促进听力能力的提高。

⑥情景制约性

既然"听"是日常交际的一部分，那么它必然以特定的时间、地点和状态为背景，这就形成了听力理解的情景。对交际双方话语的理解，不能仅仅停留在字面意思上，而是需要结合特定的情景。情景对话语的意义起着决定性的作用。在听力教学中，教师要培养学生对情景的敏感性，引导学生提高情景意识。

⑦提示帮助性

在听力理解发生的交际情境下，存在着一些有助于交际双方理解信息的提示或线索。例如，说话者的表情、肢体语言都暗示着一些内容。在英语听力教学中，教师要鼓励学生关注细节，并寻找促进理解的重要线索。

（2）语言特点

听力理解中的材料来自真实的交际情境，所以它的语言比较口语化。口语是和书面语相对的一种语言形式，其主要有以下特点：

①语音变化复杂

英语听力理解是以声音的形式输入信息，其声音并不总是清晰可辨的，而且听力中的语言在语音上又存在着非常复杂的变化。语音变化虽然具有系统的规则，但是这些规则比较复杂。另外，音素连接在一起发生相互作用也使语音发生变化，所以才有连读、省略等现象的发生。

②冗余度高

英语听力语言往往有着较高的冗余度，占60%～70%。人们在日常交际中为了使对方能够清晰地理解自己的意思，通常采用信息叠加的方式，包括词语重复、语义重复及信息或话题重复等。

③词汇和语法口语化

在听力口语中，常常听到非正式的词汇和语法。这种非正式性表现在词汇方面，就是功能词的大量使用，如介词、冠词、be动词、助动词、连词等，而较少使用名词、动词、形容词等一类的实词。

从语法角度上说，由于交际的即时性，交际双方不得不将大部分注意力放在自己表达的内容和意义上，因此就会忽视了语言的语法，所以常常说出不符合语法规则的语言。另外，交际者为了简洁、省时，还常常省略句子中的某些成分，如果不结合语境，就会难以理解。

④传递信息的意义单位较小

在听力口语中，意义单位常常是两秒钟或七个单词的长度，其中含有一个或多个命题。并且每个意义单位都有各自独立的升降语调特征，通常以降调结尾，停顿也经常出现。另外，从意义单位的结构上看，意义单位常常用名词短语、介词短语或者动词构成，并存在省略现象。这些结构松散的意义单位主要是以交际者的中心大意为核心，并用停顿单位当作标点符号来使用，以分割句子。而书面语的意义单位通常就比较复杂。

（3）知识的特点

大体来说，听力理解需要三大类知识：语言知识、语境知识和语用知识。其中，按照一些学者对知识的分类标准，语言知识是陈述性知识，而语境知识和语用知识是程序性知识。

①英语语言知识

英语语言知识包括语音知识、韵律特征知识、词汇和语法知识及语篇知识。

A. 语音知识。对于听力理解能力的提高，学生首先需要掌握的就是英语语音知识。语音知识包括音标、语音的特征、语音环境特征、重读和语调等相关知识。在听力口语中还会发生一些音变现象，如连读、同化、弱化和省略等。连读是英语口语中的普遍现象，是指将联系密切的词组连读，由一个词平滑地过渡到另一个词；同化是指一些单词的读音与相邻单词的读音合并起来形成了新的发音；弱化是指非重读音节中的辅音弱读；省略是指单词内部或词与词之间一个音或几个音的省略。

B. 韵律特征知识。英语语言的韵律特征知识是指与重音、语调和节奏等相关的知识。重音包括单词重音和句子重音，单词重音是指一个单词中重读某个音节，句子重音是指在一个句子中重读某些单词。重读音节通常比较长，而且响亮、清晰，其前后多有停顿。另外，重音的规则不是确定的。一般依据两个方面来确定句子的重音，一方面是单词在句子中的重要性，另一方面是单词是否用来强调某些信息。

语调是指语言声调的高低变化。英语有升调、降调、升降调、降升调及平调五种。语调可以表明说话者的态度和立场，所以它是有意义的。要理解一句话的意义，必须同时理解词汇意义和语调意义。

节奏是指句子中各个音的轻重和快慢的变化。英语的重读音节与非重读音节在轻重、快慢上存在着明显的差别，由此形成了英语语流的节奏。一个重读音节到另一个重读音节有着几乎相等的时间跨度，重读音节对说话的速度起决定性作用。这就导致一个以重读音节为核心的节奏群中包含的非重读音节越多，这个节奏群里的每个音节就读得越快，那些非重读音节就越含混。

C. 词汇和语法知识。在听力理解中，辨认单词和了解语法特征也非常关键。对于单词的辨认，首先要对句子中的词语进行切分。辨别重读音节是英语的主要切分技巧。另外，还可以通过节奏来切分词语。在辨认单词之后，如果学生依然不理解所听到的信息，必须借助其他手段来弥补，如猜测词义策略等。听力口语有其独特的语法形式，主要包括以下五个方面：第一，中心语成分一般位于句首以促进听者对话题的确定；第二，位于句末的成分一般与之前的代词相互照应；第三，省略现象非常普遍，如省略主语、谓语、连接词等；第四，英语中存在一些话语标记，如 anyway、I see、what′s more、so 等，这些词语可以区分话题或内容的界限；第五，情态动词的广泛运用。

D. 语篇知识。语篇是一个比较大的意义单位，不和句子并列。对于语篇的类型和衔接手段，学生要非常熟悉和了解。其中，英语语篇有着独特的衔接手段，它有很多衔接词，并且也可以通过替代、省略和话语标记来表示衔接。除此之外，学生还应该了解语篇模式的特点，语篇模式体现了语言组织的形式，是一种宏观结构。英语语篇有两种常见模式：线性话题发展模式和并列话题发展模式。

②英语语境知识

英语语境知识可以分为情景语境知识和文化语境知识两种。

A. 情景语境知识。情景语境知识包括两个方面，一方面是交际所发生的物理环境，另一方面是意义表达所依据的上下文。

第一，物理环境影响着听力理解，它对话题有着决定性的影响。例如，发生在医院的交际语言通常是关于医生、病人和病情的；发生在商店的交际语言一般是关于购物的，并且环境对语体也有决定性的影响，发生在朋友之间的交际语言通常是非正式的，而发生在公共场合的交际语言一般比较正式。

第二，上下文语境对于语言意义的理解也起着关键性的作用。

首先，某个单词在不同的上下文中可以表达不同的意义，如 loud music 中的 loud 表示"吵闹的"，而 a tie with a loud pattern 中的 loud 表示"花哨的"。

其次，当听到一个多义词时，上下文也可以帮助听者对该单词的意思进行确定。例如，printer 含有两种意思，当学生听到"The printer needs toner."时，便能确定这个单词在此处是表示"机器"；而当学生听到"The printer is sick."时，也能迅速判断出此处的 printer 是表示"人"，因为只有人才会生病。

再次，上下文语境促使语义网络的形成。例如，当学生听 fire engine 这个短语时，就可以联想到 fire、red、truck、fireman 等，而这些词又能使学生联想到与其相关的另外一些词语，通过这样的不断联想，就构成了一个庞大的语义网络。

最后，听力过程中的上下文语境还包括声音因素。语调、语气和节奏等都传达着重要的信息，可以暗示着说话者的观点和态度。

B. 文化语境知识。在交际过程中，交际者借助各种主观和客观因素来表达特定的意义，如时间、场合、话题以及交际者的身份、心理状态、文化背景、交际目的、交际方式以及肢体语言，这就是文化语境知识，它主要体现在以下三个方面：

第一，具有文化内涵的词语。

在语言的各个单元中，词语是最为灵活的一个单元，它能反映一定的文化内涵。有个英语短语是 bank holidays，它之所以称为"银行假日"，是因为在这段时间不营业。再如，doggy bag 这个英语短语，从表面上理解是"狗食袋"，但事实上是表示在饭店打包用的袋子。另外，有些词语有着独特的背景意义，如 sheep（绵羊）代表着善良的人，而 goat（山羊）则代表着邪恶的人，因为 goat 出自希腊神话。

第二，英语国家的社会风俗和生活习惯。

一些传统的文化和体育活动可以体现着国家的风俗习惯，如英国人比较擅长 football（足球）和 polo（马球），如果是在酒吧，那么 billiards（桌球）和 dart（飞镖）就比较受欢迎。另外，美国人喜欢自由、性格直爽，hamburger（汉堡包）和 hotdog（热狗）等美国人钟爱的快餐如今已经成为世界级的食品。

第三，英语习语。

习语的广泛存在是英语语言的一大特征，包括谚语、成语等。英语习语的语法形式和结构一般比较完整和固定，意义也比较完整。有的习语还以幽默的语气体现着英语国家的民族文化内涵。例如，Cast sheep´s eyes to someone 是指"暗送秋波"，Pandora´s box 是"潘多拉的盒子"，表示灾难的根源等。

### （二）学习英语听力的重要性

#### 1. 可以巩固学生的语言知识

听力教学活动可以有效促进学生所学语言知识的不断内化和巩固，从而利于构建知识体系。听的过程是一项十分复杂的信息处理过程，这一过程必然涉及对语言信息的理解和输出。学生通过听力理解活动，既提高了听力水平，又实现了新知识的构建，掌握了语言规则和内容。因此可以说，听力教学过程是"学生理解、学习和构建新知识的过程"，听力教学活动是"实现学生知识构建的有效手段"。

#### 2. 可以提高学生的语言运用能力

听力教学活动是促进学生综合语言运用能力的有效途径之一。作为语言输入的一种重要方式，听力教学活动既能引导学生对英语语言的声音符号信息进行辨别，又能使学生展开积极思考，对语言信息进行重新组合，更好地理解所学的语言知识，同时提高语言学习效率，最终实现语言运用能力的发展。

## 二、文化差异下大学英语听力教学的内容

### （一）听力知识

听力知识具体包括如下四个方面：

1. 语音知识。听力理解是从听觉渠道输入信息，所以了解足够的语音知识对于听力理解而言起着重要的作用。在英语语音中，连读、重读、语调和发音规则是基本而普遍的知识。

2. 策略知识。策略知识帮助学生按照听力任务选择适合的听力方式。

3. 文化知识。对所听话语的理解需要借助一定的文化知识，否则很容易出现误解的情况，因为语言就是文化。

4. 语用知识等。交际中的会话含义是普遍存在的现象，需要借助一些语用知识才能得以理解。

## （二）听力技能

听力技能包括基本听力技能和听力技巧两个方面。

1. 基本听力技能

基本听力技能具体包括如下 10 个要素：

（1）辨音能力。在听力理解中，需要具备基本的辨音能力，如辨别音位、重读音节、语调和重弱等。

（2）交际信息辨别能力。听力中的语言是交际语言，所以学生需要具备交际信息辨别能力，包括辨别新信息指示语、例证指示语、话题终止指示语、语轮转换指示语等。

（3）大意理解能力。这要求学生及时抓住交际者的意图等。

（4）细节理解能力。细节对于意义的理解也是不可忽视的，学生需要有意识地注意听力理解中的细节内容。

（5）词义猜测能力。学生很可能会遇到一些陌生单词，这就需要他们借助已有知识和上下文提供的信息猜测词义。

（6）推理判断能力。交际双方的态度、观点和情感有时并不会直接显露出来，学生需要通过推理去获得深层次的理解。

（7）预测下文能力。学生如果能够根据已经听到的信息预测即将听到的内容，就能大大提高听力效率和效果。

（8）评价能力。这是评价所听内容、表达自我看法的能力。

（9）记笔记。记笔记是听力中的一项重要技能，有助于听者对整体信息的理解。

（10）选择注意力。根据不同的听力目标，将注意力集中在不同的内容上，这就是选择注意力。

## 2. 听力技巧

通常情况下，技巧就是技能，技巧就是策略，它们可以相互代替。例如，对于某个特定的听力内容，猜测词义或许是一个基本听力技能，也可能是一个听力技巧或策略，还可以是一个听力目标。但是，当技能、技巧和策略处于不同的层面，它们就指代不同的含义。技巧表明的是活动操作方式。例如，猜测陌生词语的词义是一种基本技能，然而人们可以通过各种合适的技巧去猜测词义，可以根据上下文及交际者的表情、肢体语言去猜测词义。当技巧的运用非常得当并且有利于意义理解，它就上升到策略的层面了，否则就只是技巧而已。

## （三）听力理解的内容

在听力过程中，既要理解话语的字面意思，又要理解其隐含意思。对于听力理解，学生需要了解以下内容。

### 1. 辨认

辨认是听力理解的第一层次，是后续过程的基础。辨认的对象涉及语音、信息、符号等方面。其中，语音辨认是最简单的要求，而最难以完成的是意图辨认。检验学生是否能够辨认，可以通过正误辨认、匹配、勾画等具体方式。例如，教师打乱听力材料中的对话顺序，然而让学生按照所听的内容重新排列顺序。

### 2. 转换

信息转换是听力理解的第二层次，它是指将所听到的内容转换成图、表，其中需要包含对信息的分析。要做到第二个层次，学生要能够在语流中辨别出短语或句型。如果能够辨认短语或句型，学生就能够理解日常谈话的大致内容。信息转换包括两个方面：一是原信息的转换；二是重新选择语言来进行转换，填图、填表等是可以借助的方式。

### 3. 重组与再现

重组与再现是听力理解的第三层次，要做到这一点，学生要能够在口头或笔头上重新表达所获取的信息。在这一层次上，学生因为不熟悉某个话题的相关词汇，往往就会遇到障碍，所以教师在听力教学中应该扩展各个方面的词汇，并引导学生按照所填图表对这些词汇进行复述等。

4. 社会含义

听力理解中的语言就是交际语言，交际语言要做到得体、礼貌，少不了对社会含义的理解。听力材料往往包含多种多样的语言形式，涉及多个话题、多个情境，教师要使得学生的描述与图片场景相一致。在描述中，社会含义的表达能够借助语言的正式程度来体现，在图片中，正式程度反映在穿着、身势语等方面。

5. 评价与应用

听力理解的最高层次是重新组织语言对信息进行评价和应用。听力理解不是无目的的行为活动，而是通过理解交际者的意图，达到沟通或解决问题的目的。从这一点来说，听力教学要能够借助讨论和问题解决达到评价与应用的目的。根据题材、内容的不同，听力理解的层次就会发生变化。教师要让学生总是处于听力理解的最高层次，就需要扩充学生的词汇量。

### （四）逻辑推理

除听力知识、听力技能和听力理解以外，语法和逻辑推理知识也是正确判断和理解语言材料的必要条件。因此，大学英语听力技能教学必须重视对学生语法知识的巩固和逻辑推理的训练。

### （五）语感

语感是对语言的直接感知能力。良好的语感有助于学生即使在语法有所欠缺的条件下依然能够快速而正确地做出判断。显然，学生如果具备好的语感，听力理解的效果就要好许多。因此，在大学英语听力技能教学中，教师应注意对学生语感的培养。

## 三、多文化视角下大学英语听力教学的方法

### （一）听写作文教学法

听写作文教学法经过大量实践的验证，已经成为大学教师广泛采用的有效的

听力教学方法。该方法注重篇章、学生需要、学生主体性及任务的基础性作用，目的是使学生的各种听力技能得以提高。具体来说，它包含以下四个流程：

1. 准备

（1）预测

在听力的准备阶段，教师要指导学生了解关于听力材料和话题的相关知识与背景信息，这就使得学生有可能预测即将听到的内容。按照图式理论，人们储存在长时记忆中的知识是以图式为表现形式的。当开始发生知觉时，因为外部信息的刺激，知识网络中的某个图式得以激活，这就导致图式处于动态变化的状态，也就是可以预测。

在听前阶段，教师通过预测、头脑风暴、问题、发现等活动，促进学生对已有图式的激活或者新图式的建立，从而达到听力目的的确定、背景知识的激活、话题的展示及动机的激发等。

（2）预测所需要的知识

事实上，只要是信息输入的活动，大脑中是否存在着可以预测的图式影响着信息输入的效果。缺乏广博而深刻的知识，就难以进行准确的预测。进行预测所需要的知识不仅包括语言知识，还包括背景知识，所以学生在遇到自己较为了解的听力材料时，就觉得听力效果比较好，这就体现了语言知识、背景知识在听力理解过程中的作用。

①语言知识

语言知识不仅包括语音、词汇和语法三个部分，还包括关于文章体裁和结构的语篇知识。其中，让学生形成整体的语篇意识尤为重要：

A. 语音知识。主要是关于发言规则、重读、连读、节奏、语调等方面的知识。

B. 词汇知识。也就是有关词汇分类、词汇性质、构词规则、词汇意义等方面的知识。

C. 语法知识。包括词语构成和句子构成等方面的知识。

D. 语义知识。也就是有关语言意义等方面的知识，如歧义、反义语言的预示、指示及语境等。

这里需要提出的是，培养学生的语篇能力尤为重要，以下是具体的培养方法。

A. 教师应该注意学生语篇意识的培养。教师应该让学生明白，在听力理解中出现理解模糊的现象是正常而自然的事情，遇到这种情况也要保持镇定。

B. 教师要告诉学生，听力理解中的模糊部分或许会在听力材料的其他地方出现，或者可以结合上下文的语境进行再次理解。

C. 教师要让学生意识到，不是听力材料的所有内容都是影响意义理解的，听力模糊的部分可能并不影响对语篇意义的理解，若是这样，就可以跳过。

②背景知识

A. 背景知识的内涵。背景知识是有关地理位置、风土人情、文化历史等方面的知识。听力材料的背景知识也就是内容图式，其中文化是内容图式的重要元素。扩展学生的背景知识，能有效避免学生的知识性障碍。缺乏足够而充实的内容图式，就无法理解听力材料的意义。另外，语言图式的不足还可以通过内容图式来加以弥补，内容图式能够促进未知信息的预测、歧义的消除和语篇的理解。根据英语语言的特征，英语的重要信息通常放在句子的开端，而将次要信息和背景知识放在句子的中部或者末尾，也就是人们常说的倒三角结构。由此可见，着重听取句子的前半部分，可以获得重要的信息，而忽略那些不重要的信息。

B. 背景知识的激活方法。背景知识的激活方法主要有以下两种：

第一，用"说"激活。例如，如果某一个听力理解的主题是"How is the weather today?"，教师就可以就"天气"这一主题提出几个问题："What is the weather like in your hometown?" "How do we know the earth is getting warmer?" "Do you think weather and temperature can affect our mental activities?" 然后再将学生分成两人一组，进行问答活动。待学生的问答活动结束之后，教师就公布问题的参考答案。这种方法能够补充有关听力主题的信息，并且加深学生对听力材料的理解。

第二，用"看"激活。在听力过程中，如果能充分发挥视觉的作用，就能有效提高听力的效果。因此，教师可以采取多媒体教学手段，通过声音、图像、动画等生动形象的信息刺激学生的视觉，从而起到简化复杂信息的作用，也就缩短了客观事物与学生之间的距离。

2. 听写

在课堂上听力材料以正常的速度播放三遍。教师播放第一遍录音，但是不解释听力材料，并且引导学生聚焦于文章的宏观内容，如题材、体裁、篇章结构及内容大意上，而不是分析某个语言知识。所以，学生必须激活大脑中的相关图式，预测意义和情节的走向。当学生对文章的大意和基本问题有了一个大体的了解之后，教师才可以简单地讲解一下词汇知识。

教师播放第二遍录音，这个阶段就是一个分段听的过程。教师要引导学生关注语言形式，并要求学生记住关键词和句型，让他们对文章内容有进一步的正确理解。

教师播放第三遍录音，这是完整听全文的阶段。教师主要是突破文章的重难点，让学生对句意达到准确的理解，因为语篇理解是以句意理解为基础。

在听写阶段，将精听和泛听结合起来进行听力教学，从而培养学生良好的听力习惯。泛听可以被看作目标，而精听是实现目标的方法，泛听在前而精听在后。精听提高的是学生的语言基本能力，全面了解英语的语音变化和特征，熟悉常用的词语和句型。泛听旨在让学生了解更多的语言现象，提高他们的听觉反应能力，从而加强精听的效果。

3. 重写

在重写阶段，教师将学生分成若干小组，听力教学以小组的形式进行。学生以小组为单位，将每个组员的笔记放在一起，然后按照所听到的内容，在写提纲的基础上写作文。所写出的作文需要达到两个要求：一是要最大限度地再现原文信息；二是在语法正确的前提下，保证语言表达的逻辑性和连贯性。

4. 分析及纠正

在作文完成以后，教师就要组织学生对各自的作文进行讨论。在有条件的情况下，可以使用黑板或投影仪将学生写出的作文与原文进行对比，然后进行分析、改正，并且引导学生对小组成员不同的表达方式进行比较、讨论，这种方式可以促进学生语言能力的提高。

在写作文的过程中，学生能够使自己的多种语言技能得到锻炼。例如，学生可以训练自己音素及语调的区分能力，可以训练自己单词拼写的能力，可以训练自己识别词汇的语法意义和语境意义的能力，可以训练自己词汇、语法的运用能力，还可以训练自己理解口头语篇和运用语言的能力等。

通过以上几个阶段，听力教学将听、说、写有机融合起来，这不仅训练了学生的听力能力，还能提高学生的语言综合能力。因此，听力教学对于大学阶段来说至重要，听力教学的效果直接决定学生语言基本能力的训练效果，从而影响大学英语教学的效果和质量。

### （二）策略教学法

策略教学法是因为对策略指导加以补充和修改而形成的一种教学方法，这种方法主要关注的是学生"会听"的能力，也就是教师旨在指导学生如何去"听"。

要达到策略教学法的目标，教师要做到以下两点：一是要让学生深入理解语言是如何发挥其功能的；二是让学生理解自己所使用的策略，也就是让学生获得"元策略意识"，并且在这个基础上教师要教学生使用更多别的策略，这些策略的使用能够促进学生听力任务的完成。

所以，从本质上说，策略指导就是听力课程中的一种紧凑的设置。这种课程的具体表现是每一个策略单元都明显地强调一个重点，并且紧密联系着一个或多个相关策略，这些策略主要包括判断语言背景、人际关系、语气、话语主题及话语意义等内容。

#### 1. 句法策略

句法策略就是学生利用句法知识，辨认听力语言中的构成成分和表达命题。学生通过句法知识把词结合成构成成分，并把没有听到的词填进去。所以，句法知识可以起到以下提示作用：

（1）句法知识起到的作用

①预测未听到的词语

在学生了解功能词的作用和大部分短语规则的前提下，学生能够根据听到的一个词语预测接下来的一个词语。例如，当学生听到某个限定词时，不管是 a 还是 some，又或者是 no，就能确定这是名词短语的一个要素。一个名词短语的结构可以是限定词—形容词—名词，因此即使哪个要素没听清楚，也能根据这种知识预测所漏听的词类。并且按照上下文所提供的语境，还能预测这个词语的含义。再如，当学生听到一个介词时，不管是 to 还是 at，又或者是 on，都能预测出这个介词是属于介词短语的一个要素。介词短语的构成方式可以是介词—名词短语，据此就能够推断漏听的词类和意义。

②推断漏听的词语

一定的句法知识还能帮助学生推断漏听的词语。在学生了解语法和构词法知识的前提下，如果漏听了一个词语，但是听到了后缀，学生同样能够推断出漏听的词类，并且按照语境的提示推断出词义。

③词语之间的暗示

英语中的某些实词，特别是动词，能够暗示着其前后应该出现的词语。通过这些信息，学生也能顺利地推断出漏听的词语。例如，像 hit、catch 等类型的动词，其前后一般会存在一个名词短语，"We didn't hit the boy." 就是英语中常见的一种句型。再如，give、buy 等类型动词，其后一般会存在两个名词短语，因为这类动词后面跟的是双宾语，第一个通常是有生命的人，第二个一般是无生命的事物，"Momgave me a beautiful skirt." 这种句型在英语中再常见不过了。

（2）句法策略对语言教学的启示

句法策略对语言教学的启示可以归纳如下：

①学生要想利用句法策略去理解别人的话语，那么他们就必须对语法规则有全面的了解，尤其是那些运用得最为广泛、最常见的语法规则。所以，教师应该要求学生了解足够多的规则句型和运用广泛的构成成分，同时还要了解这些构成成分中的普遍要素。

②教师要教会学生如何辨认填充规范句子和句型的词类。如果学生学会了这一点，那么他们就能在漏听某个构成成分的情况下，依然可以根据句法知识推断出句子的意义。

③教师应该尽早让学生了解自然语言中的语法冗余现象。因为当学生知道了这一点，他们就能够发现并利用冗余现象所提供的暗示，推断和辨认漏听的构成

成分，并尽量预测漏听部分的意义。

④教师在讲解陌生词语时，特别是动词，应该提醒学生注意这些习语的前后所应该存在的构成成分。

## 2. 语义策略

英语句子有的即使存在着句法线索，但是在交际语言中还会存在自然消失的情况，这时，听话人还必须通过语义提供的提示。因为交际原则和语境原则的作用，听话人在口语交际中可以预测对方即将要表达的语言。另外，听话人要想理解对方的话语，还应该注意交际场景的特征。储存在人类长时记忆中的知识包括语言知识和非语言知识两方面，如语音系统、语法规则、词汇等语言知识，交际主题，交际者的背景，交际场景对话语意义的影响，交际者的文化程度等。

（1）策略教学法的程序

策略教学法应在一定的原则下进行，具体来说，策略教学法应该遵循以下程序：

①要形成策略意识。教师和学生都要意识到策略指导在听力教学中的价值。

②在听力教学之前进行预备活动。在这一过程中要最大限度地激活学生的背景知识。

③紧扣听力材料。教师要让学生明白听力的目的和内容，同时重点关注哪些内容。

④提供指导活动。教师要针对某个特定策略，精心设计一些特定的活动，让学生将这些策略付诸实践。为了实现这个目标，教师可以自行编制听力材料而不用考虑材料的真实性。

⑤用真实材料练习。当学生将策略付诸实践，并能够意识到策略的作用和价值之后，教师可以补充足够的真实听力材料，供学生运用策略。不过，在这个阶段不要只顾及策略的运用，而忽视了对听力材料的理解。因为听力最为关注的是听力材料的内容和意义。

⑥利用对所听内容的理解。在这个阶段，教师要引导学生通过已听内容来理解整个听力材料的意义，可以通过记笔记、抓关键词和填表格等方法。

（2）语义策略对语言教学的启示

①重视语境的重要性

语言既有语法意义，又有语境意义，所以语境对语言的理解非常关键。教师在进行听力教学之前，应该首先清楚地介绍语境，也就是要让学生明白听力材料的主题、交际背景及交际者的关系、身份等。对这些语境有所了解之后，学生就能够预测交际者所要表达的语言。

②适当忽视漏听的部分

交际中的双方为了理解对方的话语，通常会小心地听取每一个词语。事实上，即使漏听了某些部分，有可能也不会造成多大的影响。因为这些词语可能只对意义起到辅助作用，所以交际者不用紧张。另外，对漏听的部分可以通过某些线索进行预测。在进行听力理解时，学生可能会发现在去掉听力材料中的几个词语之后，他们依然能够理解材料的意义。但是，在某些情况下，去掉一些词语会产生歧义。

## （三）体裁教学法

近些年来，越来越多的教师和学者开始关注体裁教学法，并将其应用到大学英语听力教学中。具体来说，体裁教学法在大学英语听力教学中的运用主要分为四个步骤：体裁分析、小组讨论、独立分析及模仿使用。

1. 体裁分析

体裁分析就是指教师对听力材料进行详细的分析，包括文化和语言两个方面的分析。由于中西文化之间有着巨大的差异，因此教师有必要对与听力材料体裁有关的社会、历史、风俗习惯等背景知识进行分析，以使学生对这些背景知识有一个全面的了解。在语言方面，教师要分析体裁的图示结构，以使学生对这类文章的过程与特点有一个整体的了解，这也是教学过程的一个重点。

2. 小组讨论

在本环节中，教师可将学生分为若干小组，播放同一题材的材料，然后让学生在小组中讨论这些材料的结构、语言特点等。其主要目的在于增加学生的参与程度，学生只有参与到活动中来，才能积极主动地进行思考、学习，从而对语篇形成一个深入的理解。

### 3. 独立分析

小组讨论结束后，教师可让学生听某一题材的一篇典型范文，然后要求学生模仿教师在第一步骤中使用的方法，即对语篇的文化和语言两个方面进行分析。这一步骤改变了教师垄断课堂的局面，为学生提供了充分思考的机会。

### 4. 模仿使用

学生通过自主分析掌握了材料的体裁特征后，教师可根据交际目的，选择社会公认的模式，让学生使用英语进行有效的交际，使学生在实际运用中牢牢掌握所学题材特征，学以致用。

在具体的教学过程中，教师可根据实际情况对以上步骤进行调整，以取得最佳的教学效果。

实践证明，在大学英语听力教学过程中运用体裁教学法，通过对文章体裁的分析——语境、文化背景、结构和语言特点的分析，掌握相对稳定、可借鉴的模式，全面地理解文章，可有效提高学生的听力水平。此外，从长远来看，体裁教学法还能开发学生的创造性思维。

## （四）听说读写结合教学法

英语教学主要包括四个方面，即听、说、读、写，这四项语言技能的教学既具有其独立性，又有其依存性，大多情况下是互相结合、同时进行的。听力教学不可能脱离其他语言技能的教学，同时其他技能的培养也有助于听力教学的开展。因此，教师可以采用听、说、读、写结合的方法展开听力教学，将听力训练与其他能力的训练紧密结合起来，实现共同发展。

### 1. 听说结合

英语教学注重学生语言交际能力的培养，这就要求听力教学不能让学生"只听不说"，因为交际活动本身是由听和说两个方面构成，两者缺一不可。因此，在大学英语听力教学中，教师要让学生积极参与到教学实践当中，提高学习的主动性，学生只有在听懂的基础上才能用口头语言表达出来。听力练习的过程也是口语熟悉的过程，而口语训练的过程也是听力锻炼的过程，因而二者是相互促进的关系。例如，在听力练习中，学生可以通过讲话者的语音和语调来推测讲者想要表达的内容，这就涉及口语教学的内容。对此，教师应充分利用课内课外的机会，鼓励学生开口表达自己的观点，同时揣摩不同语调所传达的不同情感，这样有助于学生听力水平的提高。

2. 视听结合

随着英语教学手段的不断更新，多媒体教学已经成为英语听力教学的有效工具之一。因此，教师也应做到与时俱进，充分利用先进的教学手段服务于英语教学。当然，在课堂中听教师和同学讲，听英语磁带也是学生练习听力的有效途径。除此之外，教师在课内可以让学生多看一些音像视频材料，一方面，由于视觉形象思维与逻辑思维相互作用，可以大大减少心译活动，对学生迅速准确地理解听力材料十分有利；另一方面，视听结合的教学手段可以增加课堂的趣味性，激发学生学习的兴趣，达到最佳的教学效果。

此外，教师还可以鼓励学生在课外多看英语电视节目、电脑学习光盘及网上视频英语等，使学生通过视听结合的方式更为有效地习得语言技能。

3. 听读结合

听读结合教学要求学生在听文章的同时将其朗读出来，这样的形式不仅可以锻炼其语感，同时还可将单词的读音、拼写及含义有机统一起来，从而减少学生在听力过程中对单词的判断误差。听读结合不仅可以让学生模仿到纯正的语音、语调，还可以纠正学生的错误发音。长期坚持边听边读有助于学生对文本有一个深刻的理解，进而提高对语言的反应速度。随着听力输入量的增大，词汇复现率也会增加，学生对常用词语也会更加熟悉，以后再次遇到这些词语时，就能迅速做出反应，准确理解所听到的内容。

4. 听写结合

听写练习是听写结合的主要形式。听写练习，即学生在听到一句话后，在规定的有限时间内将其记录下来，这不仅要求学生在听的过程中保持注意力的高度集中，还要求学生对语言有一定的敏感性。有时，听懂并不一定能够写对，学生只有同时具备扎实的听力和书写功底才能保证听写的正确性，也只有这样，听写结合的练习才能真正意义上提高学生的综合英语水平。但是，这种训练难度较高，可以先从听一些基本词语和简单句型开始，随着学生听力水平的提高逐步进入听写课文及与课文难度相当的材料。

# 第二节　多文化视角下大学英语口语教学

## 一、文化差异与大学英语口语教学

### （一）词汇方面

英汉两种语言中既有核心词汇，还有一些含有特定文化信息的词汇，即文化内涵词。英语教师应注重向学生讲授相关文化内涵词，使学生在日常口语交际中正确地加以运用。学生如果不了解文化内涵词的意义，就可能会影响表达的效果。

英语用词的褒贬色彩也会对英语口语教学产生影响。

### （二）语篇模式方面

英汉两种语言在语篇模式上存在很大的差异，英语语篇模式通常是直线型思维，直截了当，先提出主张，然后加以具体说明；汉语语言则大多为螺旋式思维，委婉曲折，先给出理由，然后再提出主张。例如：

①（首句）Soccer is a very difficult sport. ②A player must be able to run steadily without rest. ③Sometimes a player must hit the ball with his head. ④Player must be willing to bang into and be banged into others. ⑤They must put up with aching feet andsome muscles.

足球运动员必须能不停奔跑，有时候得用头顶球、撞别人或被别人撞，必须忍受双脚和肌肉的疼痛，所以说，足球运动是一项难度很大的运动。

在本例中，英语原文中的第①句为主题句，第②、③、④、⑤句则是对主题句做出的具体分析。而汉语译文则是先给出理由，然后提出主张，表达十分委婉。

英汉语篇模式的不同要求教师在英语口语教学中引导学生对英汉语篇各自的特点与差异进行学习，这样才能在英语口语交际中采用正确的方式进行谈话。如果不了解英汉语篇模式，学生就容易照搬汉语的语篇模式，从而影响交际的顺利开展。

## 二、多文化视角下大学英语口语教学的方法

### （一）文化导入法

在跨文化背景下，大学英语口语教学应将文化和口语教学结合起来，利用文化导入的方法来教授英语口语。下面重点分析大学英语口语教学中文化导入的内容及文化导入的方式。

1. 文化导入的内容

在大学英语口语教学中，教师要从词语文化和话语文化两个方面进行文化导入。

（1）词语文化的导入内容主要包括习语、词语在文化含义上的不等值性，字面意义相同的词语在文化上的不同含义，以及民族文化中特有的事物与概念在词汇语义上的呈现。

（2）话语文化的导入内容主要包括话题的选择、语码的选择、话语的组织。通过上述两个方面的文化导入，使学生更好地理解文化对语言的影响和制约作用，提高学习效果。

2. 文化导入的方式

文化导入的方式多种多样，下面就来介绍一些常用的文化导入方式。

（1）利用教材导入

这是一种最自然、也最直接的文化导入方式。具体来说，在大学英语口语教学过程中，教师可在教学目标的指导下，结合教材向学生提供一些相关的文化知识，开阔学生的视野和对文化的理解与认识。

（2）利用对比分析导入

在口语教学过程中，还可以通过对主体文化与客体文化进行对比分析来导入

文化。教师可以首先给学生布置课前任务，让学生查阅相关的文化资料，为课堂学习做准备。在课堂上，教师要求学生逐一进行讲解，如有需要，教师应加以补充。这不仅有利于调动学生学习英语的积极性，同时还有利于培养学生的自主学习能力。

（3）通过引导学生积累日常交际用语导入

可以说，交际功能是语言最本质和最重要的功能。日常交际用语是最能体现文化差异的地方，主要体现在打招呼、称呼、介绍、致谢、打电话等方面。

## （二）任务型教学法

大学英语口语教学还可以采用任务型教学法，其具体操作步骤包括呈现任务、实施任务、汇报任务、评价任务。

### 1. 呈现任务

在呈现任务阶段，教师应重点帮助学生进行语言与知识方面的准备工作。在呈现任务的过程中，教师可以以学生的实际生活与学习情况为依据，创设相关的情境，调动学生学习英语的动力。

另外，教师还要为学生提供与话题有关的环境及思维的方向，以加强新旧知识之间的连接，使学生在巩固旧知识的同时也掌握了新知识。需要注意的是，呈现任务时要遵循先输入、后输出的原则。

### 2. 实施任务

实施任务在整个教学过程中是极为重要的一个阶段。在接到任务之后，学生可以采取诸如小组自由组合、结对子等方式来实施任务。小组自由组合或结对子的方式不仅可以为每个学生的口语表达提供练习机会，还有助于培养学生合作互助的意识，增强学习效果。此外，实施任务时也可以通过由教师设计多个小任务构成任务链的方式进行。这一阶段教师的主要任务是对学生的活动加以监控与指导，确保活动顺利进行。

### 3. 汇报任务

在学生完成任务之后，教师可以要求学生以小组派代表或小组内部推选代表的方式来汇报任务成果。

当学生汇报任务时，教师应注意不要打断学生的表达，在学生需要帮助的时候适当给予指导，尽量使学生的汇报自然、流畅、准确。

4. 评价任务

在任务汇报结束后，教师和学生一起对任务进行评价，分别指出各个小组的优点和不足。评价时应注意对学生的活动情况尽量持肯定态度，以鼓励、表扬为主，以增强学生的成就感，从而提高学生的自信心。当然，如果学生在表达中出现比较严重的、影响交际的错误时，教师也应及时指出和纠正，正确引导学生。

总体来说，在大学英语口语教学中采用任务型教学法可以有效调动学生的积极性，增强学生的合作竞争意识，提高学生的口语水平。

## （三）互动教学法

互动教学法是指在听力教学过程中，教师与学生就听力内容互相交流，在此过程中，学生既要理解所听的内容，还要做出相应的反应。在大学英语听力教学中采用互动教学法，有助于激发学生学习的兴趣，提高他们的听力理解能力，同时通过听力活动有利于学生养成积极思考的习惯。

由于听源的不同，互动教学可分为听录音时的互动和听人说话时的互动。

在听录音时，教师可以采用互动教学法。具体步骤为：在学生听录音时，教师可将听力材料进行分割，分为若干部分。每当听完一部分后，教师可采用提问的方式与学生进行互动交流，以便及时了解和掌握学生对所听内容的理解情况。在此过程中，教师起着架构学生和录音材料之间桥梁的作用，以实现学生和录音材料之间的互动。

互动教学法也可以用于面对面的交流。说话人通过问答等方式和听话人进行交流互动，并根据听话人的反应对所讲内容及时进行解释说明或调整。换言之，即说话人与听话人进行语言意义的协商，目的是确保听话人真正明白说话人的意思。需要注意的是，在协商过程中应把握好时间，因为练习听力是活动的主要目的，因此要注意学生说话的时间不宜过长。

互动教学法具有显著的特点：强调学生的主体性，教学组织方式多样，能够有效地利用课堂时间向学生传授语言知识。在大学英语口语教学中，如果互动式教学法运用恰当，就能有效激发学生的兴趣，打破"哑巴英语"的现象，帮助提高学生的口语表达水平，从而提高教学效率。

具体而言，互动教学法在大学英语口语课堂教学中的操作包含三个阶段的活动：课前、课中、课后。

1. 课前

课前充分而周密的备课是教师的必要工作，尤其是与客体有关的口语会话材料的准备十分必要。这些材料应分给学生每人一份，做口语练习会用到的词汇、短语也为学生准备一份。这样，语言材料可以丰富学生的口语表达，帮助学生积累表达素材，避免学生处于被动状态。

2. 课中

在英语口语课堂教学中，教师可将本课的会话情境介绍给学生，然后让学生独立思考并联想与该情境相关的词汇、短语。然后，教师将可能用到的词汇和短语呈现在黑板或者 PPT 上，选出一个词语让学生判断和解释其意思。当该学生解释完毕后，教师可让其他学生对已给出的信息进行扩展。在解释和扩展的过程中，学生的英语口语表达能力得到了培养与提高。

3. 课后

课堂教学完毕后，教师可给学生布置一些特定的话题或情境，让学生在课后进行口语练习。需要注意的是，教师所布置的话题或情境要与课堂内容相关，以使学生课堂上学到的表达得到巩固。在下节课教授新内容之前，教师可花一些时间检查学生的课外练习情况。这样不仅可以为学生提供表现的机会，调动学生学习的积极性与主动性，还可以通过反复的巩固、使用促进学生口语水平的提高。

（四）基于交际策略的教学法

交际策略是指"当某语言使用者在话语计划阶段由于自身语言方面的不足而无法表达其想表达的思想时所采取的策略"。在交际过程中，为克服因语言能力不足而导致交际困难，交际者使用语言或非语言手段的能力即为交际策略能力。

口语交际活动往往不可预测，因此交际过程中遇到尴尬局面是难免的，这就要求交际者具备一定的交际策略能力，以便在需要时借助交际策略来解决遇到的困难，促使交际顺利进行。策略能力包括两个方面：一是发生困难时使对方理解自己讲话内容的能力，这一能力被称为"补偿能力"（Compensation）；二是在发生理解困难时获取意义的能力，这一能力被称为"协商能力"（Negotiation Competence）。

补偿能力主要包括如下三个方面：

1. 使用会话填补词。在交际过程中，有时交际者可能会一时想不出要使用的语言，这时可适当运用一些填补词，如"And you see…""Er, that's a very interesting question…""Well…, let me think."等，一边说一边思考，控制说话节奏，确保讲话连贯。

2. 使用同义词或类别词。在交际过程中，如果交际者缺乏关于某一话题的词汇，可采用自己熟悉的同义词来代替，如用 dark 来代替 gloomy。

3. 使用肢体语言。在交际过程中，交际者也可适当借助肢体语言来表达自己的观点与看法，保证交际顺利进行。

协商能力包括澄清信号。在交际过程中，如果听话人没有完全理解讲话人的语言，或没能听清讲话人的意思，这时听话人可请求重复，或直接要求讲话人加以解释，如"Pardon?""What do you mean by saying…""What does… mean?"等。通过运用这一交际策略，交际者可将自己的意思清晰地传达出来，使交际渠道畅通从而使交际顺利开展。

在大学英语口语教学过程中，教师应注意向学生介绍一些交际策略，使学生了解语言规则和交际规则，提高英语口语交际能力，在交际过程中更好地让自己的讲话内容被对方理解，并更好地理解对方的语言，提高和改善跨文化交际效果。

### （五）启发诱导法

教师在平时教学中可以根据学生已有的文化知识，稍微对其予以点拨与启示，从而引导学生发现未知的文化知识，同时还可以激发学生学习文化的思维。正如任何学习过程教师都必须使学生发挥学习的主动性一样，文化因素的教学也应如此。例如，随着社会的发展出现的 Blue-color（蓝领）、white-color（白领）、

Gold-color（金领），教师在教授的时候要根据学生以往具有的此方面的知识对其进行启发，使学生可以把这些词汇关联起来进行思考与记忆。

除此之外，教师在上课之前可以预先给学生布置任务，学生提前在网上查阅相关的文化知识，课堂上教师再进行讲解，这样可以让学生多了解英美文化知识，增强其对文化的敏感性，培养其跨文化的意识。

## （六）交流学习法

大学生在学习的时候应该充分利用其特点。首先，大学生可能有一些跨文化交际的经历，所以应该更多地组织他们进行小组讨论，让他们相互交流跨文化交际的经验，这样可以取得更好的教学效果。其次，大学生通过互相交流经验，可以互相分享解决交际中出现的困难的方法，总结出适合他们这一人群的交际策略。这些实际的经验交流对于提高大学生的口语水平有显著效果，同时跨文化交流中涉及的文化因素在交流过程中也可以互相加强彼此的记忆，从而更好地避免大学生在实际交往过程中出现因文化因素引起的交际失误。

# 第五章 多文化视角下大学英语阅读、写作与翻译教学

## 第一节 多文化视角下大学英语阅读教学

### 一、英语阅读教学的重要性

#### （一）有助于扩大词汇量

没有语音和语法，人们不能表达很多东西，而没有词汇，人们则无法表达任何东西。词汇是语言的基本组成部分，没有一定的词汇量，阅读就会成为一句空话。

在英语学习的过程中，记单词、掌握单词的多重含义与用法是一个无法逾越的环节。事实证明，通过阅读来记忆单词可达到事半功倍的效果。具体来说，这种方法巧妙地利用了阅读材料中提供的具体语境，学生在记忆单词的同时也对该单词的使用方法、相关搭配、语用含义等有了较深刻的理解。此外，随着阅读材料的不断积累，学生对单词的印象会随着多次的重复而不断得到强化。

#### （二）有助于培养语感

语言不同于数学公式，很多表达方式常常是根据具体语境的需要而发生变化的，而不可能用某一固定标准进行硬性规定。因此，语感的强弱对于英语学习至关重要。

所谓语感，就是对语言的感觉，是对语言的表达方式进行快速理解与判断的

能力。要想在短时间内判断语言表达是否规范、地道，就离不开语感。但是要想获得语感，就必须与语言进行长期、大量的接触并进行持久的思维训练。其中，阅读可以使阅读者在不知不觉中体会不同表达方式的感情色彩，感受不同修辞手法的实际效果。与此同时，学生也熟悉了规范的语言表达方式。值得一提的是，学生在阅读过程中不仅提升了语感，而且学生所感受到的压力几乎为零，从而可以有效地调动学生参与阅读的积极性，为持久的英语学习奠定基础。

## （三）有助于英语能力的全面提升

除阅读之外，听、说、写等也是英语技能的重要组成部分。阅读不仅仅有利于阅读能力的提升，还对其他技能的提升发挥着积极的促进作用。

1. 阅读对听的作用

阅读对听的促进作用主要表现在以下三个方面：

（1）听力是通过耳朵来获取信息的过程，是一种在短时间内完成的思维活动，阅读可以通过语感的培养来为这种思维活动打下扎实的基础。

（2）阅读能为听力进行文化背景知识的储备，提高听力理解过程中的归纳、总结、分析、推理等能力。

（3）阅读可以为听力提供相关的词汇、短语、句型等知识，提高听力理解的速度与质量。

2. 阅读对说的作用

说是通过语音、语调来表达信息的活动，是一种输出信息的方式。在这一过程中，规范的语音、语调对说的质量有决定性的影响。

规范的语音、语调必须依靠大量练习才能获得。朗读训练是阅读活动的重要组成部分，有利于学生在潜移默化中学会连读、失爆、弱化等语音技巧，从而养成良好的语音语调习惯，提升说的能力。

3. 阅读对写的作用

写作是文字信息的输出，阅读是文字信息的输入，这两种能力相辅相成、互相促进。具体来说，通过阅读英语文章，学生可体会作者在安排写作素材时的技巧，可从遣词造句、布局谋篇等层次来感受作者的写作手法，并从整体上理解一篇好文章是如何写出来的。从这个角度来说，阅读本身就是学习写作的过程，阅读能力的提升必然带动写作能力的提升。

综上所述，阅读在英语学习的过程中发挥着不可替代的作用，应引起足够的重视。

## 二、文化差异与大学英语阅读教学

### （一）影响阅读的文化差异

阅读的涉及面非常广泛，因此阅读并不仅仅是一项简单的译码工作，它对阅读者的综合语言技能提出了很高的要求。通过长期的英语阅读教学实践不难发现，学生的阅读活动往往受到诸多因素的影响，而文化差异就是其中比较重要的一个因素。具体来说，学生如果只理解文章的字面意义，他们就只能理解其表层含义，若想深化对文章的理解，还必须试图获取阅读材料所蕴含的社会文化意义，如伦理观念、价值观念、思维方式、道德观念等。

概括来说，影响阅读的文化差异主要表现在词汇文化内涵、句子文化内涵与篇章结构三个方面。

1. 词汇文化内涵差异

语言是文化的载体，而词汇是语言的最小组成单位，因此要想切实提高阅读的质量，就必须对词汇的含义进行准确把握。但是，英汉两种语言都具有丰富的词汇，且这些词汇的含义并不是一一对应的，有些词汇还具有丰富的文化内涵。在这种情况下，如果缺乏相关的文化背景知识，在遇到这些英国文化中特有的事物、历史背景、典故或专门术语等时就很难理解。

2. 句子文化内涵差异

除受到英汉词汇文化内涵差异的影响之外，阅读活动还受到英汉句子文化内涵差异的干扰。尽管句子由词汇组成，但句子所表达的意义绝对不是其构成词汇的含义的简单堆砌，还常常受到上下文、文化背景的影响。

3. 篇章结构差异

由于思维方式、价值观念等方面的差异，英汉篇章结构也存在明显的不同，主要体现在以下两个方面。

（1）演绎型与归纳型

北美的语篇模式常在开头就亮明作者的态度和观点，然后再用事实加以验证说明，即演绎型。相比较而言，亚洲的语篇模式往往先阐述具体的事实与理由，然后再逐步引出结论。因此，英语文章倾向于演绎型，观点常在开头位置；汉语文章倾向于归纳型，观点常位于结尾。

（2）作者负责型与读者负责型

作者负责型与读者负责型也是英汉语篇的重要区别之一。具体来说，在作者负责型的语篇中，用一个句子将文章要表达的主要观点和中心思想清晰地告知读者是作者的责任；在读者负责型的语篇中，作者可按照自己的写作习惯来进行表述，既可以直截了当，也可以委婉含蓄，而是否能够理解则完全是读者的责任。

## （二）大学英语阅读教学中的文化导入原则

为使文化导入达到预定的目标，教师在阅读教学中应遵循以下四项原则：

### 1. 多样化原则

阅读教学过程中的文化导入应遵循多样化原则，具体体现在以下两个方面：

（1）导入形式的多样化

为使导入的文化信息生动、真实，教师可采取图片、音频、视频等材料来解释、说明某一文化现象，从而强化学生对文化信息的感性认识，理解其文化内涵。此外，教师还可根据具体的需要，灵活采取注释、融入、比较、体验等多种方法导入相关文化知识。

（2）导入内容的多样化

导入内容的多样化主要体现在题材与体裁两个方面。为学生导入不同题材的文化信息可以丰富学生的阅读体验，增加学生的阅读积累，为阅读能力的提升打好基础。选择不同体裁则有利于学生感受语言的表现力，并使学生熟悉各种体裁文章的不同行文特点，从而提高阅读理解的准确性。

### 2. 关联性原则

文化具有非常广泛的范畴，因此在对文化信息进行理解时，其深度与广度都是多层次的。根据关联性原则的要求，教师在阅读教学中导入文化信息时，应对文化信息的范围进行划定，即选取那些与材料主题、文章作者、写作背景等相关的文化背景知识。这一方面是由于受到有限课时的影响，另一方面是由于这些信息对学生的阅读理解具有积极的促进作用，有利于学生深化对文章的感受。

需要注意的是，教师应把握好文化信息与阅读材料的关系，并有效控制文化导入在阅读教学中所占的比例，既不能忽视文化信息的导入，又不能喧宾夺主，最终将阅读课变成文化课。与此同时，教师还应保证所导入文化信息的相关性、基础性与必要性。

3. 因材施教原则

学生在英语学习方面往往表现出不同的特点，他们的英语水平也参差不齐。在当前以学生为主体的教学理念指导下，英语阅读教学过程中向学生进行文化导入时必须遵循因材施教的原则。换句话说，为满足不同水平、不同目标的学生的特殊需求，教师要选择合适的教学方法，这样才能保证每个学生的阅读技能都得到不同程度的提升。

具体来说，针对阅读能力较强的学生，教师在选择阅读材料时，应倾向于世界名著、期刊等具有一定挑战性的材料，同时安排一些富有挑战性的任务，这可以让学生在增长见识、开阔视野的同时，不断挑战新的阅读难度，从而使自己的阅读水平不断提升。针对阅读能力较弱的学生，教师应为其推荐短小故事、短诗等易于理解的阅读材料，为其安排的问题也应相对简单一些。这样，学生可以通过自己的努力给出正确的答案，从而产生成功的喜悦感，收获学习的乐趣与自信，并以更大的热情投入阅读学习中。

4. 循序渐进原则

阅读能力的提升不可能一蹴而就，必须通过长期的练习。因此，教师在阅读教学的过程中不能一开始就选择那些较难理解的或具有丰富文化内涵的材料，而应在循序渐进原则的指导下，由简单到复杂、由少到多、由浅入深地逐步推进文化知识的内容。

此外，通过阅读材料为学生导入文化背景知识时，应想办法将准备导入的内容与学生的生活联系起来，或者尽量选择那些与学生的生活密切相关的内容，以此来更加有效地激发学生的阅读兴趣和热情。

# 第二节　多文化视角下大学英语写作教学

## 一、大学英语写作教学的概述

### （一）英语写作的心理过程

了解学生进行英语写作的心理过程，对于提高英语写作教学的效果有重要作用。通常而言，学生在英语写作中会经历如下四个过程。

1. 从视觉到动觉

从视觉到动觉是英语写作最基本的心理机制，因为视觉活动属于书写训练的起点。具体地说，学生通过观看书上、黑板上的书写示范，就会在大脑中形成明晰的英文字母形象。学生形成的视觉形象越清楚、越深刻、越正确，其在之后的模仿就会越顺利、越准确、越迅速。可见，书写是一个由观察到临摹、由临摹到自主、由自主到熟练的过程。虽然模仿是动觉性的，但其与视觉有着密不可分的联系。

正确、快速、美观、清楚是书写的基本要求。因此，教师应清楚地意识到自己对学生的示范作用，应从教学的第一天起就为学生展现完美的书写，从而帮助学生形成鲜明、精确的视觉表象。此外，教师还要帮助学生养成看、想、写一体化，或动眼、动脑、动手一体化的良好书写习惯。

2. 书写技巧动型化

所谓书写技巧动型化，是指书写过程中一个动作紧接着另一个动作，一个基本单位的书写动作已经自动化。可见，书写技巧动型化其实就是高度的熟练化。随着写作熟练程度的提高，书写单位应该从单词逐渐扩大到短语、分句和句子，这不但能加快写的速度，还能提高学习效率。

为了使学生较快地掌握动型化的书写技巧，教师应通过不同的方式引导学生展开练习，既要经常在纸上练书写，又要习惯于在脑子里练书写，在脑子里经常对字母、单词、句子从书写形象上"过电影"，做到心手合一。

### 3. 联想性的构思能力

联想性的构思是指人们对种属关系、因果关系、空间关系、时间关系及层次关系等各个事物之间相互联系的认识。语言是思维的工具，学生应将英语作为思维工具来用，以便更好地将英语作为交际工具来用。而将英语作为交际工具来用的关键一步，是发展和养成英语的联想习惯。例如，由 family 联想到 father、mother、brother、sister 等。

学生具备了联想性的构思能力，就能更好地理解英语上下文的关联性。因此，教师应重视对学生联想性构思能力的培养，这样既能提高学生的英语写作能力，又能提高学生的思维能力，从而使学生牢固掌握所学的英语知识，做到活学活用。

### 4. 演进式的表达技能

演进式的表达技能是联想性构思能力的具体表现，其可以将定式思维、层次想象、系统回忆和连贯言语融为一体，既可以使学生的写作更具条理性，又会提高写作的迅速。例如，以"I like to draw"为题的作文，其演进式的表达是："I am a middle school student. I like to draw. I draw mountains, rivers, trees and birds. Now I am drawing a tree. Look! I have drawn it. There are leaves and flowers on it. The leaves are green. The flowers are red. They are very beautiful."可见，演进式的表达技能可以直接促进学生的推理能力、汉语表达能力及对其他学科内容的理解，既有教育意义又有教养意义。

## （二）学习英语写作的重要性

### 1. 促进语言的生成

对于中国学生而言，英语属于外语，这就预示着英语学习会遇到一定的困难。由于没有直接和英语人士开展交流的条件，缺少使用英语的环境，所以学生要生成语言就要做大量主观性的努力，而英语写作是促进英语语言生成的一种有效方式。

说和写是语言生成的重要方式，但因英语在我国缺乏一定的语言使用环境，所以学生"说"的机会大大减少，"写"就成了现实可行的语言生成机制。通过"写"，学生不仅可以提高自己的语言表达能力，还会对其英语思维的形成有一定的帮助，这些变化在写作的过程中会潜移默化地影响学生，最终提高其交际能力。

2. 提高学习的效率

写作学习对学习效率的提高主要是由写作的特点决定的。在中国，写作练习是一种经济方便的语言练习方式，同时，由于写作是一种相对主观的语言使用活动，写作什么时候开始、什么时候结束、使用什么表达都由学习者自主支配，因此能够激发学生学习英语的积极性。

正是由于写作的这些特点，其能够提高英语学习的效率，甚至影响其他语言学习活动的进行。随着英语教学改革的发展，以学习者为教学和学习中心的理念得到了广泛的传扬与发展，英语写作学习正好迎合了此种发展模式，对提高学习者英语学习的自主性，发展其独立思考与解决问题的能力有着重要的促进作用。

3. 发展英语的其他技能

学习写作可以推动其他英语语言技能的发展。

（1）学习英语写作既能丰富学生的词汇量，也能促进其更加熟练地掌握语法。在写作过程中，学生一般使用书面语进行表达，书面语的特点是表达准确、结构优美，所以这种写作训练可以使学生恰当地把握词汇的意义与用法。同时，书面语对语法形式的正确与否有较高要求，这就可以提高学生对语法的掌握程度。众所周知，词汇与语法是听、说等语言应用的前提与基础，所以其互为补充、互相促进。

（2）写作的过程既是一种语言生成的过程，同时，也是写作者内心对思想进行语言编码的过程。这种书面上的编码活动在实质上是和口语活动所需语言的编码活动相通的。因此，从这个意义上说，写作也能促进学习者口语能力的提高。

综上所述，学习英语写作对发展学生的综合语言技能有重要意义。可以说，英语写作技能的提高对整个英语学习都有重要意义，所以应该引起学生和教师的重视。

## 二、文化差异与大学英语写作教学

### (一) 语言文化差异对英语写作的影响

1. 词汇文化差异对写作的影响

对于同一个事物或概念而言，在一种语言中可能仅有一个词语来表达，而在另一种语言中就可能有多个词语来表达。中西方两种文化背景中的人进行交际时，经常会遇到理解上的困难。例如，Mary´s sister married David´s brother，很难找到汉语的对应表达，因为这里的 sister 究竟指 Mary 的姐姐还是妹妹，brother 指 David 的哥哥还是弟弟这很难确定。因此，对中国学生来说，要顺利地完成写作并提高英语写作的能力，首先就要在用词上下一番功夫。英语写作的基本功就是用词准确，因为词语是语言的基本要素，所以词汇上的文化差异较为明显。例如，很多人认为"请"就是英语中的"please"。但事实并非如此，当邀请他人一同就餐时，可以在餐桌上说"Help yourself."，而不是"Please."。

词汇的意义主要由两个部分构成：内涵意义和外延意义。格言、成语和谚语作为社会语言与文化的重要部分，其不但难以理解，而且很难运用得当。如果使用不当，很容易造成误解，甚至会令对方感到不快。例如，一名在美国学习的外国学生坐在窗前看书。突然，窗外一个人大声喊："Look out！"这名学生以为那个人是告诉他"往外看"，所以他毫不犹豫地将头伸出窗外看。结果，上面掉下来一块砖头，差一点砸在他的头上。此时，他既生气又后怕，抬头看，发现有一个人在上边修理窗户，那个人则告诉他："Didn´t you hear me call 'look out?"（你没有听见我喊"look out"吗?）他回答说："Yes, and that´s what I did."（听见了呀，所以我才向外看呢。）

2. 句子文化差异对写作的影响

(1) 句子重心差异

①英语在后，汉语在前

英语句式的表达习惯先给出发话人的感受、态度或对事情做出评价，然后详细描述事情的来龙去脉，构成先短后长、头轻脚重的结构特点。例如：

It is regrettable that the aggressive market strategy of Japanese colleagues and their apprentices in Korea has resulted in destructive price erosion for consumer electronics-goods.

相反，汉语句子的重心往往在前面。这种句子主题被强调的内容，若翻译成英文多为句子的宾语，这大概与汉语是主题显著语言，习惯思路是先叙事后表态有关系。

②原因分析

导致英语句子重心在后，汉语句子重心在前这一特点的主要原因是英汉句子结构存在差异。进一步说，英汉句子之所以会出现这么大的差异，是因为英汉语言结构不同。英语属于主语显著语言，而汉语则属于主题显著语言。英语句子的基本结构是：主语+谓语。这里的主语多为名词性的，谓语中必须有一个限定动词，且主语和谓语之间的动词必须在人称、数上达成一致，所以英语句子结构极其稳定。不管英语句子的种类如何繁多，其最基本的结构都是：SV（主—动）、SVC（主—动—补）、SVO（主—动—宾）、SVOiOd（主—动—间宾—直宾）、SVOC（主—动—宾—补）、SVA（主—动—状）、SVOA（主—动—宾—状）。不论英语句式的成分多么不同，它们都有一个相同的部分，即 3+V（主语+谓语）。因此，缺少主语或谓语的英语句子是不可能存在的。相反，汉语句子的基本结构是：主题+述题。这里的主题相当于"话题"，是句子的起始部，而句中的述题则是针对"话题"而展开的评论，多是"最新的信息"。汉语句子的主题可能是名词结构，与主语一致，也可能是其他成分。可见，主题是汉语句子不可缺少的一部分。

（2）语态差异

①使用被动语态的频率不同

英语中被动语态使用的频率很高。多数及物动词和相当于及物动词的短语均有被动式。英语被动语态通常可以用于下面四种情况：当不必说明行为的实行者时；当不愿意说出实行者时；当无从说出实行者时；当考虑到便于上下文连贯衔接时等。

相反，汉语中很少用到被动语态，其主要有两个原因：其一，汉语中很少使用被动语态是由于其频繁使用"主题+述题"结构；其二，受中国人思维习惯的影响，中国人注重"悟性"，强调"事在人为"和个人感受等，所以很少用到被动语态。

②被动语态的表达方式不同

英语被动语态多是 be+done 的表达形式，而汉语被动语态多用词汇手段表达，具体有下面三种情况：

A. 多用主动句式表达被动意义。例如，每一分钟都要很好地利用。

Every minute should be made good use of.

B. 多用被动意义的助词表达被动语态，如"被、受、让、叫、给、挨、遭、由、予以、为……所、被……所、是……的"等。例如，中国代表团到处都受到热烈欢迎。

The Chinese delegates were warmly welcomed everywhere.

C. 多用无主句表达被动意义。例如，为什么总把这些麻烦事推给我呢？

Why should all the unpleasant jobs be pushed onto me?

（3）语序差异

①英汉语序的具体差异

由于中西方人的思维方式不同，所以英汉语言的表达顺序也有所不同。通常来说，英语的表达顺序是：主语+谓语+宾语+状语（方式、地点、时间）（一般定语必须后置）。汉语的表达顺序是：主语+状语（时间、地点、方式）+谓语+宾语（一般定语必须前置）。

②原因分析

英汉语序存在差异的主要原因是，英语民族强调"人物分立"，注重形式论证与逻辑分析，崇尚个体思维。受这种文化背景的影响，英语母语者的思维习惯多为"主语+行为+行为客体+行为标志"，即以综合型为主，向分析型过渡，这就使英语句子表达呈现出"主语+谓语+宾语+状语"的顺序。尽管这些成分不失变化，但总体上说是比较固定的。相反，以汉语为母语的民族强调"物我交融"，注重个人的感受，崇尚主体思维。因此，中国人的思维方式呈现出"主体+行为标志+行为+行为客体"的特点，进而使语言形成"主语+状语+谓语+宾语"的顺序。

（二）社会文化差异对英语写作的影响

受中西方社会文化背景及思维方式差异的影响，学生在英语写作过程中的用词和造句也会产生较大差异。例如，在英语写作中，很多人都会将"端午节"写成 Dragon Boat Festival 或 Double Fifth Festival，而这两种不同的表达方式正是作者对"端午节"一词所承载的文化内涵的微观写照，传递给读者的信息是一种直观的文化生活行为。当要求学生写一篇有关端午节的文章时，有学生会这样写道："The fifth of fifth lunar month, the Dragon Boat Festival is, is one of the traditional festivals in China. In my hometown, every house hold should hang worm wood on the door, pack dumplings, do the steamed bun on the day…"（农历五月初五是端午节，端午节是我国的传统节日之一。在我的家乡，每逢端午节，家家户户都要在门前挂艾叶、包粽子、做包子……）通过这段描述就可以猜到，写文章的学生可能来自缺水地区，通篇没提到赛龙舟的事情。由于学生将端午节表达为 Dragon Boat Festival，所以对于不了解中国传统文化的人就很难理解"龙舟节"为何没有一点与舟有关的活动。只有做一番解释后，才能使这些人明白"端午节"并不是一场划船比赛而是一项节日活动。

# 三、多文化视角下大学英语写作教学的方法

（一）文化导入法

我国学生的思维方式、表达习惯等都受到汉语文化的影响。为了避免汉语文化给学生英语写作带来的负面影响，教师应通过多种渠道帮助学生掌握中西方的文化差异及这种差异带来的英汉写作上的不同，提高学生的英语语言应用能力。

具体地讲，教师可以安排学生与外籍教师、学者等用英语进行沟通，了解西方文化的方方面面，也可以利用图片、音频、视频等教学手段为学生创造有利的英语学习环境，让学生尽可能多地了解英语文化的背景。长此以往，学生既加深

了对英语的感知力又开阔了视野，并渐渐养成用英语思考、表达的习惯，从而能用英语写出地道的文章来。

### （二）对比分析法

中西方文化的差异使英汉语篇的写作也产生了差异。因此，教师在英语写作教学中可以帮学生演示与剖析英汉语篇在遣词造句、文章结构等方面的差异，引导他们在写作时有意识地避免受汉语思维的影响，写出更符合英语表达习惯和英美文化的文章。例如，在英语精读教学中，教师可以对课文进行细致的分析，剖析课文是如何发展主题、组织段落、实现连贯的，使学生了解并掌握各类文章的写作技巧、注意事项等，从而建立起对英语语篇结构的立体、综合的认识。

此外，教师在批改学生作文时应明确指出学生写作中不符合英语表达习惯的语句，并注明正确的英语表达，使学生更清楚地看到差别，并在不断修改的过程中逐渐学会用英语进行思考与表达。

### （三）仿写训练法

受汉语思维的影响，很多学生写文章时都有套用中文思维的习惯，一边想汉语是如何说的，一边将其翻译成英文写出来。这种接近"汉译英"的写作模式不但效率低下，而且还会造成汉语思维和表达习惯对英语写作的负迁移作用。

为了使学生克服机械、低效的写作方式，在英语写作教学中，教师应引导学生对一些英文材料进行仿写。通过仿写，学生不仅能够积累一定的英语写作素材，还能清楚、快速地了解地道的英语语篇如何展开，从而培养学生良好的英语语感和写作习惯。需要注意的是，仿写材料既可以是教材中的英语课文，也可以是文学名著。此外，教师也要鼓励学生使用词典等工具书来辅助表达。

### （四）读写结合法

"读"是语言输入的一种方式，"写"则是语言输出的一种方式，读和写有着密切的关系。具体来说，读是写的基础，"读"可以为"写"积累语言材料，不仅能够使学生知道写什么，还能使他们知道如何去写。因此，在英语写作教学中，教师一定要运用读写结合的方法来引导学生写作。

教师可以引导学生阅读大量题材广泛、体裁各异的英语材料，以此来了解英美人士的思维方式、价值观念、道德标准、社会文化、历史传统等各个方面，并为英语写作积累素材、培养语感等。另外，教师应帮助学生养成边读边做读书笔记、读书心得的习惯，从而为拓展思路、汲取经验、模仿写作做铺垫，这样学生才能更快、更有效地提高英语写作的水平。

# 第三节　多文化视角下大学英语翻译教学

## 一、英语翻译教学目标与内容

### （一）大学英语翻译教学的目标

大学阶段英语翻译的三级教学目标如下：

1. 基础目标

能借助词典对题材熟悉、结构清晰、语言难度较低的文章进行英汉互译，译文基本准确，无重大的理解和语言表达错误；能有限地运用翻译技巧。

2. 提高目标

能摘译题材熟悉及与所学专业或未来所从事工作岗位相关、语言难度一般的文献资料；能借助词典翻译体裁较为正式、题材熟悉的文章，理解正确，译文基本达意，语言表达清晰；能运用较常用的翻译技巧。

3. 发展目标

能翻译较为正式的议论性或不同话题的口头或书面材料，能借助词典翻译有一定深度的介绍中外国情或文化的文字资料，译文内容准确，基本无错译、漏译，文字基本通顺达意，语言表达错误较少；能借助词典翻译所学专业或所从事职业的文献资料，对原文理解准确，译文语言通顺、结构清晰，基本满足专业研究和业务工作的需要；能恰当地运用翻译技巧。

### （二）大学英语翻译教学的内容

翻译教学的内容主要包括翻译基本理论、英汉语言对比和常用的翻译技巧。

1. 翻译基本理论

翻译的理论知识主要涉及对翻译活动本身的认识，了解翻译的过程、标准，对译者的要求和工具书的使用等。

2. 英汉语言对比

对英汉语言的对比，既包括语言层面的内容，又涉及文化层面和思维层面的对比。在语言层面上，主要是对英汉语言的语义、词法、句法、文体、篇章进行比较，发现它们的异同。对英汉文化、思维层面的比较，有利于更加准确、完整、恰当地传达原文的信息。

3. 常用的翻译技巧

翻译中的常见技巧有语序的调整、正译与反译、增补语省略、主动与被动及句子语用功能再现等。

## 二、英语翻译教学的新策略

### （一）结合语境教学

众所周知，语境对词语、句子的含义有着深刻的影响。若要翻译准确，首先就要理解准确；理解要想准确，就必须结合语境来理解。因为译者对原文的理解和译文的表达都是在具体的语境中进行的，词语的选择、语义的理解、篇章结构的确定都离不开语境，语境是正确翻译的基础。因此，翻译教学中，教师务必使学生重视语境，结合语境理解和翻译。

需要指出的是，语境不仅包括语言的宏观环境，也包括语言的微观环境。宏观语境是话题、场合、对象等，它使意义固定化、确切化。微观语境是词的含义搭配和语义组合，它使意义定位在特定的义项上。学生只有兼顾了这两种环境，才能确定话语的含义，使译文忠实于原文。

## （二）引入图式教学

图式是人类脑海中对外部世界知识的组织形式。人类与外部世界的一切交往都会在脑海中形成模式，这些模式就包含了相关事物和情境的系统知识。当人们遇到类似的事物时，就会激活大脑中相应的知识片段（图式），从而轻松地理解该事物；而当人们的大脑中没有与所遇事物相关的图式时，就很难理解该事物。由此可见，图式对于理解有着重大意义，而以准确理解为基础的翻译活动，自然也受到了图式的巨大影响。

鉴于上述内容，教师应首先使学生认识到图式的重要性，并在教学中多为学生提供一些需要激活图式才能正确理解的语言材料，使学生积极运用图式，重视图式的积累。

需要指出的是，有时学生所拥有的认知图式不一定都是对事物的正确反映，或者都已经完善，因而在翻译实践中（尤其是文字表达比较含蓄的时候）经常出现图式应用错误的情况。对此，教师应帮助学生形成正确的图式并调动相关图式，从而弥补学生语言知识上的不足，为其正确理解原文、做好翻译提供保障。

## （三）引导推理教学

推理是根据已知的内容或假设，运用逻辑得出结论的过程，也是实现认知的一个重要方法。翻译学习中，学生总会遇到一些生词，如果每个词都查词典，就会浪费大量的时间。如果学生掌握了推理技能，就能快速理解很多生词。另外，推理策略的运用有助于把握事物间的联系，促进学生对语言的理解。因此，翻译教学中，教师应培养学生推理的意识和能力。

这里的推理并不是译者凭空想象做出的，而是根据文本内容、结构得出的。具体来说，学生看到文本的内容后，可以依据已有的经验及原文的结构、逻辑连接词、上下文等做出推理，这些推理往往可以为学生提供一些额外的信息，这样，学生对原文的理解也会更深刻、更全面，译文质量也会提高。需要指出的是，无论哪一种推理技巧，都必须建立在正确识别语言结构内容的基础上，否则推理就变成了毫无根据的想象，脱离了原文，译文的可信度也就无从谈起了。

（四）引导猜词教学

词汇是构成语篇的基本单位，学生的词汇量及对词汇的掌握程度都会影响概念能力的形成。所谓概念能力是指在理解原文过程中把语言文字的零星信息升华为概念的能力，是原文材料的感知输入转化为最佳理解的全部过程。词汇影响概念能力的形成，而概念能力又会影响理解，理解最终影响了翻译的质量。因此，对词汇的掌握程度及猜测生词的能力成为翻译教学的关键。在翻译教学中，教师应为学生介绍一些常用的猜词策略。

1. 结合实例猜测词义

有时下文中列举的例子会对上文提到的某个词语进行说明、解释，这就为学生提供了猜词的线索。

2. 根据构词法猜测词义

英语词汇的构成是有规律可循的。掌握了这些规律，学生就能很快猜出部分生词的含义。因此，教师应传授学生英语构词法的知识。

3. 利用信号词猜测词义

所谓信号词就是指在上下文中起着纽带作用的词语，这些词语对于生词的猜测有着重大的意义。

4. 通过换用词语猜测词义

英语语篇有时为了避免用词的单调、重复，会使用意义相同或相近的词语来表达相同的含义，这时，学生就可以利用相对简单的那个同/近义词来推测生词的词义。

（五）讲授翻译技巧

1. 直译法

直译法要求在不引起错误联想、符合译语语言规范的基础上，按照原文字面意思进行翻译。这种方法的优点在于它不仅保持了原文的内容，还保持了原文的形式，特别是保持了原文的形象、地方色彩等，因此是英语翻译中最常使用的技巧。

2. 意译法

英汉语言各有自己的词汇、句法结构和表达方式，这就意味着直译有时是行不通的。翻译时若无法通过直译来表达原文含义，或直译过来不符合汉语习惯时，则可采用意译法再现原文含义。意译的优点在于能正确地表达原文含义，但却不拘泥于原文形式。

3. 音译法

音译是根据词语的发音采用发音相同或大致相同的目的语词语来表达的一种翻译方法。有些词语表示了其所属文化下的某些新兴、特有或最早出现的事物、概念等，这些事物、概念在译语文化中一开始并不存在，翻译时也就无法找出与之对应的词语，这时就可以采用音译法来翻译。

需要指出的是，音译法不能胡乱使用。如果学生一遇到不理解的词语就音译，就无翻译可言了。因此，教师在教授音译法时，应告诉学生音译法的使用范围，即用于地名、人名、机构名称及一些流行语的翻译，目的在于保留源语的异国风味，减少翻译过程中的文化遗失和语言误解，快速、准确地传播文化，同时丰富本国语言。

4. 转译法

转译法是一种涉及词类转换的翻译技巧。由于英汉表达习惯不同，译文中不可能每个词语的词性都与原文词语保持一致，这时学生不妨适当转换词性进行翻译，如把原文中的名词转换为动词、把原文中的副词转换为介词等。

## （六）常见的词类转换翻译

1. 名词类转译

名词类转译主要有以下三种形式：

（1）名词转译为动词

Cameras in Operation

车载监视器在工作

Peter doesn´t like Jack´s participation in the activity.

彼得不想让杰克参加这次活动。

（2）名词转译为形容词

The blockade is a success.

封锁很成功。

There is no immediate hurry.

这件事不急。

The security and warmth of the destroyer′s sickbay were wonderful.

驱逐舰的病室很安全也很温暖，好极了。

（3）名词转译为副词

The new mayor earned some appreciation by the courtesy of coming to visit the city poor.

新市长有礼貌地来看望城市贫民，获得了人们的一些好感。

The boy in the seat is eyeing the old woman beside him with interest.

那个坐着的男孩好奇地打量着他身边的老妇人。

2. 形容词类转译

形容词类转译主要有以下三种形式：

（1）形容词转译为动词

I feel certain of his finishing the task on time.

我确信他会按时完成任务。

They were not content with their present achievements.

他们不满足于现有的成就。

Doctors have said that they are not sure they can save her life.

医生们说他们不敢肯定能否救得了她的命。

（2）形容词转译为名词

They took good care of the wounded.

他们精心照料伤员。

The more carbon the steel contains, the harder and stronger it is.

钢的含碳量越高，强度和硬度就越大。

They have done their best to help elderly people of no family.

他们尽了最大的努力来帮助孤寡老人。

（3）形容词转译为副词

We must make good use of our time.

我们必须很好地利用时间。

Standing on the teaching platform, Alexander took an apprehension look at the students.

亚历山大站在讲台上，忧虑地看着学生。

You should give your TV set a thorough examination to see if there is really something wrong with it before you get it repaired.

送修之前，你应当彻底地检查一下你的电视机，看看它是否真的出了问题。

3. 副词类转译

副词类转译主要有以下三种形式：

（1）副词转译为动词

Now, I must be away, the time is up.

现在我该离开了，时间已经到了。

When the switch is off, the circuit is open and electricity doesn't go through.

当开关断开时，电路就中断，电流就不能通过。

Mom opened the window to let fresh air in.

妈妈把窗子打开，让新鲜空气进来。

（2）副词转译为名词

He is physically weak but mentally sound.

他身体虽弱，但智力正常。

It is officially announced that the unemployment rate will get lower next year.

官方宣称明年失业率会有所下降。

They have not done so well ideologically, however, as organizationally.

但是，他们的思想工作没有他们的组织工作做得好。

（3）副词转译为形容词

The sun rose thinly from the sea.

淡淡的太阳从海上升起。

His work was well finished, so his manager praised him.

这一次他的工作完成得很好，因此受到了经理的表扬。

I was deeply impressed by the great changes in my hometown.

家乡巨变给我留下了深刻的印象。

4. 动词类转译

动词类转译有以下两种形式：

（1）动词转译为名词

Western people think differently from Chinese people.

西方人与中国人的思维方式不同。

In the wedding ceremony, the rings symbolize the union of the two partners.

在结婚仪式中，戒指是结为夫妻的象征。

We think that your act is a violation of the principle of peace talk.

我们认为你们的这一行动违背了和平谈判的原则。

（2）动词转译为形容词或副词

More and more people dream of furthering their education abroad.

越来越多的人梦想去国外深造。

Only after they had done hundreds of experiments they succeeded in solving the problem.

只是在做了数百次试验以后，他们才成功地解决了这一问题。

Several kinds of brands are available within the price range.

在这个价格范围内有几种牌子可供选择。

5. 介词类转译

英语中的部分介词经常翻译成汉语的动词。

His car barreled straight ahead, across the river.

他的车笔直向前高速行驶，穿过河流。

The president took the foreign guests around the campus.

校长带着外宾参观校园。

Lincoln wanted to establish a government of the people, by the people and for the people.

林肯希望建立一个民有、民治、民享的政府。

6. 套译法

英汉语言尽管差异巨大，但对某些事物的认知却是相同的。因此，英汉语言中存在一些语义相同或相近，说法相同或不同的成语、习语等。这些表达的翻译就可以采用套译法。

Strike while the iron is hot.

趁热打铁。

Many hands make light work.

众人拾柴火焰高。

One swallow does not make a summer.

一花独放不是春。

Better be the head of a dog than the tail of a lion.

宁做鸡头，不做凤尾。

He complained, "One boy is a boy, two boys half a boy, three boys no boy."

他抱怨道："一个和尚挑水喝，两个和尚抬水喝，三个和尚没水喝。"

Miss Andrew serves as a good secretary, for she is as close as an oyster.

安德鲁小姐可以当个好秘书，因为她守口如瓶。

需要指出的是，套译法要求学生必须熟悉英语习语的确切含义，切忌望文生义，否则就会造成误译。

# 三、多文化理念下的英语翻译教学

## （一）文化差异给翻译带来的影响

翻译不仅是一种语言间的转换活动，更是一种文化之间的信息交流活动。从某种程度上来看，译者对英汉文化差异的正确解读对翻译的成败起着至关重要的作用。概括来说，文化差异对翻译的影响主要体现为以下两个方面：

1. 翻译空缺

翻译空缺就是指任何语言间或语言内的交际都不可能完全准确、对等。更何况英汉语言分属不同的语系，翻译的空缺现象在英汉语言交际中表现得尤为明显，给翻译的顺利进行带来了障碍。在英汉翻译教学中，教师应该提醒学生注意这一现象。英汉翻译中常见的空缺有词汇空缺和语义空缺两大类。

（1）英汉词汇空缺

尽管不同语言之间存在一定的共性，但也存在各自的特性。这些特性渗透到词汇上，就会造成不同语言之间概念表达的不对应。这和译者所处的地理位置、自然环境，以及所习惯的生活方式、社会生活等相关。

有些词汇空缺是因生活环境的不同而产生的。中国是农业大国，大米是中国南方主要的粮食，所以汉语对不同生长阶段的大米有不同的称呼，如长在田里的叫"水稻"，脱粒的叫"大米"，而煮熟的叫"米饭"。相反，在英美国家中，不论是"水稻""大米"还是"米饭"都叫"rice"。

语言是不断变化发展的，随着历史的前进、科技的进步，新词汇层出不穷。例如，第一颗人造地球卫星发射成功后就出现了"sputnik"一词，而该词随即也在世界各国的语言中出现了词汇空缺。再如，当美国宇航员登上月球后，英语中首次出现了"moon craft（月球飞船）""moon bounce（月球弹跳）""lunar soil（月壤）""lunar dust（月尘）"等词，这也一度成为各国语言的词汇空缺。

因此，教师在英汉翻译教学中要特别注重词汇空缺现象的渗透，要求学生认真揣摩由词汇空缺带来的文化冲突，指引其采用灵活的翻译方法化解矛盾，翻译出优秀的文章。

（2）英汉语义空缺

英汉语义空缺是指不同语言中表达同一概念的词语虽然看起来字面含义相同，但实际上却存在不同的文化内涵。以英汉语言中的色彩词为例，它们在大多数情况下都具有相同的意义，但在某些场合，表达相同颜色的英汉色彩词却被赋予了不同含义。

因此，教师在日常的翻译教学中要不断引起学生对语义空缺现象的注意，遇到空缺时尽量寻求深层语义的对应，而不是词语表面的对应。

需要说明的是，语义空缺还表现在语义涵盖面的不重合，即在不同语言中，表达同一概念的词语可能因为语言发出者、语言场合等的不同而产生不同的含义。例如，英语中 flower 除了做名词表示"花朵"以外，还可以做动词表示"开花""用花装饰""旺盛"等含义，而这种用法是汉语中的"花"所没有的。相应地，汉语中的"花"做动词时常表示"花钱""花费"等含义，这也是英语中的"flower"所没有的。可见，英语中的"flower"和汉语中的"花"表达的基本语义虽然相同，但在具体使用中，二者差别极大。因此，教师应引导学生注意词语在语言交际中产生的实际语义，从而在翻译时实现语义空缺的弥合。

2. 文化误译

文化误译是由文化误读引起的，是指在本土文化的影响下，习惯性地按自己熟悉的文化来理解其他文化。文化误译是中国学生在英汉翻译中经常出现的问题。

It was a Friday morning, the landlady was cleaning the stairs.

误译：那是一个周五的早晨，女地主正在扫楼梯。

正译：那是一个周五的早晨，女房东正在扫楼梯。

英美国家有将自己的空房间租给他人的习惯，并且会提供打扫卫生的服务。

房屋的男主人被称为"landlord"，房屋的女主人被叫成"landlady"。所以该例中的 landlady 应译为"女房东"，而不是"女地主"。

可见，在英汉翻译教学中，教师应引导学生不断地扩充英语文化背景知识，要求学生在英汉翻译时根据具体语境，并结合文化背景，准确地理解原文的含义，然后选择恰当的翻译技巧进行翻译，切忌望文生义。

## （二）多文化对英语翻译教学的启示

### 1. 多文化意识的培养

（1）重视不同文化背景知识的传授

当前的英语翻译教学中，教师如果只从词汇、语法、句法等字面层次来教授翻译内容，忽视从文化差异方面进行分析和判断，往往会导致学生学习翻译效果不佳，尤其是对中西语言文化差异的问题还会出现误解和误译。

（2）进行不同文化差异对比

在英语翻译教学中，除了加强对其他国家文化背景知识的传授外，还可以采取通过对不同国家之间文化差异的对比来提高学生的多文化意识培养。如在翻译"这位小姐德行温良、才貌出众，鲁老先生和夫人因无子息，爱如掌上明珠"时，可以翻译为："I know the young lady, and she is virtuous, gentle and beautiful. Because Mr. and Mrs. Lu have no son, they treat her like the apple of their eye." 成语 "the apple of one's eye"，古时候人们注意到眼睛的瞳孔像苹果，便把瞳孔称为 "apple of the eye"，由于它是人身上宝。贵的东西，所以英语用它来指代珍贵或宠爱的人或物，与汉语 "掌上明珠" 的含义类似。虽然 "apple" 与 "明珠" 形象不同，但英语读者对 "the apple of one's eye" 非常熟悉，所以翻译时应充分了解不同语境中的文化差异，通过对比教学来增强学生多文化的意识。

（3）进一步加强本国语言和文化的学习

英语翻译教学的一个重要目的，是促进对外交流的平衡发展，学生能把本国优秀的文化通过翻译介绍给外国人，同时还能对外国的文化和事物，用准确的表达介绍给国人。比如在旅游英语翻译中，旅游景点的介绍经常涉及中国的历史、地理及民族风情等各个方面，这就要求译者具有丰富的文化背景知识，对翻译中涉及的中国传统文化元素能够准确、适当地传达给受众，让外国游客领会旅游景点的文化内涵，同时也向外国游客传播了中国的文化。因此，在英语翻译教学中，教师应鼓励学生加强汉语表达能力，增强中华文明的学习和认知，进一步培养学生对本国文化的认同感和自豪感。

2. 注重翻译中的跨文化意识

如今，随着文化全球化的深入，使以前无法翻译的文本都能流畅通顺地译出。从翻译技巧角度看，倘若翻译者能够挖掘某些语句的文化内涵而不是逐字翻译，便能从整体上把握原文要义，译文文本能使读者一目了然。

（1）表达意义的融合

语言中存在不同的意象。然而，面对同一个意象，来自不同文化的人们观点未必一致。比如，汉语可能会用 "鼠" 作为喻体形容胆小的人，正如成语 "胆小如鼠" 一样。在英语中，同样形容胆小的喻体却是 "chicken（鸡）" 或

"hare（野兔）"，因而他们会用"chicken-hearted"或"as timid as a hare"形容胆小懦弱的人。

同样的意思在不同文化中会用不同意象表达。在翻译中，有时就需要通过意译而不是直译表达。

（2）文化渗透和语言适应

随着政治、经济、社会和人类生活的发展，文化渗透现象已经普遍存在，并对语言的语法、句子结构和语篇构成产生了深远影响。正如语言适应理论所述，语言应用的过程就是持续选择的过程，在此期间，语言的应用必须适应沟通交流的社会语境。要适应语境，则须考虑多方面因素，主要包括心理素质、社会情境和物质世界状况等。

3. 积极开展网络教学与第二课堂教学

在科技、经济、生活发生巨大改变的今天，传统的教学策略与工具已经无法更好地提升学生的翻译能力。基于此，教师应积极主动地探索新的翻译教学策略与教学工具并身体力行。

互联网是一种信息技术，是信息传播、整理、分析、搜寻的一种技术，其主要任务是传递信息。互联网中存储海量的信息，且这些信息、资源的更新也非常及时。因此，在翻译教学中教师应充分发挥互联网的优势，将网络作为翻译课堂教学的补充，这样既可以实现由教师现场指导的实时同步学习，也可以实现在教学计划指导下的非实时自学，还可以通过使用电子邮件、网上讨论区、网络通话等手段实现小组合作型学习等。

另外，由于翻译课堂时间十分有限，所以教师还应在课下开展一些有益学生增加文化知识、提高翻译水平的活动，如要求学生阅读英文原版书报、杂志，观看英文电影、电视，听英文广播等。

4. 对翻译教育者的启示

跨文化翻译中错误的出现都有其缘由，也都能为翻译教学提供相应启示。

一方面，英语学习者习惯于逐字翻译。这点似乎很普遍，教育者应运用多种方式增强学习者的跨文化意识。教育者可以有意识地在课堂中增添文化素材，如创设模拟情境等，并采用有效的文化对比策略，培养学习者的跨文化交流能力。

　　另一方面，无法准确地理解英语语言的结构是导致翻译不当的一大原因。因此，教育者有必要引导学习者阅读一些外文文章或外国文学作品等。这样，学习者会自然而然地习惯英语的语言结构。

　　值得注意的是，一些英语学习者缺乏对文化差异的理解也会导致翻译不当。教育者需要引用更多丰富且实用的跨文化素材，使学习者不仅从书中习得翻译知识及技巧，还能够切实行动，从做中学。

# 第六章　多文化视角下大学英语教学发展策略

## 第一节　多文化视角下大学英语教学的未来展望

### 一、多媒体环境下多元文化理念对英语教学的启示

#### （一）立足基础教育

实践证明，英语教学必须坚持以教学环境和学习者的实际为准则，以语言文化基础为根本目标。外语教学的根本目标或任务就是培养具有不同文化背景的人们进行跨文化交际的能力。高校的英语教学首先要从学生的实际语言能力和文化基础知识结构出发，课堂教学活动以学生为中心，把英语语言作为交际工具来系统地学习和训练，不能把英语教学定位在仅仅是传授语言知识上，更不能把英语当作某一学科的理论知识来灌输，而是要把英语的教学活动和教学环节贯穿在学会使用"工具"的基本点上。传统的英语教学模式，即语音、词汇、课文理解、练习，过于强调教师在课堂教学中的"主导"或中心地位，在教学形式上过于"对立"，教师讲、学生听，人为地丧失或放过了学生实践语言工具的"机会"，容易形成学生依赖教师的"指挥棒"，出现被动学习的局面，产生死板的学习方法，这与现代英语教学方法上提倡的能动机制和创造动机是相背离的。特别是传统习惯上的"填鸭式"和"满堂灌"更易助长学生的依赖思想，不利于培养学生的自学能力和调动学生的学习积极性、主动性，使得教师深感百倍辛劳，而收获甚微。而学生则容易边学边忘，知识的积累似乎越来越少，对英语学习失去信

心，难以产生兴趣，最终导致不良循环。从教学层面上看，教师在整个教学环节中认真负责、严格把关、尽心尽力、一丝不苟，但效果不佳，几经努力，教学质量和学习效果终难见提高。面对这一现实，教师深感困惑，只觉无可奈何，学生就更百思不得其解，专心听讲，认真做作业，苦记苦背，几乎所有时间和气力都用在了英语的学习上，一切都按教师的要求去做，到头来怎么也想不到所得到的回报竟是那么令人失望，心灰意懒。在此情形下，真正落实英语教学大纲的目标要求，进行英语教育中的素质教育，提高英语教学质量，任务艰巨，困难重重。针对这种现状，高校的英语教学在方法上要把国家课程标准的目标进行细化和量化，有机地把量化要求与学生的实际语言能力和文化背景结合起来，在教学过程中把文化多样性因素与教学环节紧扣起来，找准"切入点"，不断探索学生学习英语的特点与规律，进一步增强英语教学的针对性意识，确保教学质量的稳步提高。认识和了解学生学习英语的习惯与特点，有针对性地开展英语语言教学实验，及时地对实验结果进行分析和总结，确定英语教学的重点和关键环节，在此基础上不断改进教学的方式方法。

## （二）深化课程建设

重点课程建设是加强学科建设的重要内容，也是当前高校深化教学改革提高教学质量的主要途径之一。通过一门或多门重点课程的建设，可以进一步摸索和改进教学原则与教学方法，总结教学经验和教学规律，规范教学环节，开展相关性学术研究，充实和完善教学质量目标量化体系，进一步调动教师的积极性，发挥教师和学生的主观能动性。现行的课程标准突出强调英语学习者的语言应用能力的培养，尤其在听、读、写方面。具体反映这一基本的教学指导原则是在语言应用能力和测试水平上缩小了客观判断的比例，增大了主观运用的比重。对语言学习者来说，在处理语言客观判断中或许会有一定程度的"估计"或"猜测"，甚至是"赌"，其中始终会有一定的正确性概率，这只能看作语言能力上的机械运用。然而主观应用则要求语言学习者能够灵活运用所习得的理论知识，在实际的语言交际环境中能正确地处理各种复杂的语言问题。课程标准强调的教学重点和目标要求正是外语教学中存在的问题与薄弱环节，因此应该把英语听力、英语阅读、英语口语和英语写作这四门专业主干课程作为重点课程来加强建设。实践证明，重点课程的建设有助于提高师资队伍的业务素质，完善教学环节和教学过程，促进科研，突出教学质量的中心，建立一整套科学合理的教学质量评估体系。具体来说，在英语听力的课程建设中，要突出生动形象的语境塑造，图文并茂的教学方法，以及激发学习者的激情和兴趣这一根本目的。以英语精读课的建设来贯穿综合语言应用的能力，充分发挥精读课教学中在词汇学习、语义辨析、基础语法实践等方面无可替代的强化基础的作用。英语阅读课程是一门综合性应用型的课程，其特点是突出阅读数量上的"多"、内容上的"广"、速度上的"快"和理解判断上的"准"，以达到扩大学习者的知识面，熟悉了解西方民族语言文化背景，加深对英语语言的表达习惯和思维方式的认识。

### （三）多元视角下大学英语教学的重点实践方向

#### 1. 激发学生对文化差异的兴趣

学生无论学什么，只有在他真正感兴趣的情况下，才会充分发挥自己的主观能动性。学习英语也是如此。因此，在传授跨文化知识时，培养学生对文化差异的兴趣是英语教学必须考虑的一个方面。教师只有不断地改进教学方法，增加新的教学内容，将趣味性贯穿整个教学过程，才能调动学生的兴趣，激发学生学习的热情。

教师可以通过教学方法、教学内容的对比激发学生对文化差异的兴趣、介绍文化背景，比较文化差异，最好的方法是透过语言看文化，通过所学的语言材料了解其中所含的民族文化语义。通过这种方法，教师可以把枯燥无味的词语解释、语法讲解等变得形象生动，使学生在活跃的气氛中不仅能学到英语语言知识，还能领略到英语民族文化。

教师是教学的主导者，而学生是教学的主体，在教学中处于中心地位，教师传授的知识最终要由学生理解、吸收，而学生跨文化交际的能力主要靠实践来培养。英语教师应根据教学内容和学生特点，在课堂上采用灵活多样的教学方法和教学手段，并帮助学生树立坚持不懈、持之以恒的英语学习态度。在培养学生学习兴趣的同时，教师还应当帮助他们养成良好的学习习惯，也就是教会学生学习方法。如果学生只会整天抱着课本死记硬背，则很难掌握实际的英语交际能力。教师在教学中一定要结合具体教学对象的学习实际采用行之有效的教学方法。英语是一种工具，英语学习是一个漫长的过程，文化信息需要日积月累，学生只有通过持之以恒的学习和大量的实践训练才能做到活学活用，形成驾驭英语语言的跨文化交际能力。

英语教学要把讲解语言知识和介绍文化背景知识、比较中西方文化差异有机地结合起来，充分发挥文化背景在教学中的积极作用，培养学生对文化差异的敏感性。

2. 培养学生的跨文化意识

因为跨文化意识十分重要，所以教师在教学过程中必须重视对学生跨文化意识的培养。在英语教学中，教师要充分利用现代化的教学手段，介绍英语国家文化背景，让学生最大限度地接触一些英语国家的文化信息。

对跨文化的敏感性主要来自两种途径：一种是直接途径，也就是通过在外国生活、体验的方式来获取文化信息，培养对异国文化的敏感性。这对我国国内学生来说显然不可能。因此，我国英语教师可以采用另一种途径来培养学生的跨文化意识，即间接途径。间接途径有很多，包括课堂学习、课外阅读、收听英语广播、观看英文图像资料等。但是英语课堂教学毕竟具有一定的局限性，因此通过课外学习活动是培养学生跨文化意识的有效途径，教师应该鼓励并指导学生开展形式多样的课外学习活动，特别是要借助先进的现代化教学手段，加强学生的语言听说训练，直接在英语教学中给学生导入一些英语文化背景知识。教师应该鼓励学生观看英文原版电影、录像。由英语国家本族人所演绎的英文原版电影、录像都具有浓厚的英语文化气息，因此通过观看英文原版电影、录像提高文化差异敏感性是一种非常有效的手段。对缺少英语语言环境的我国英语学习者而言，最大的困难就是从课本里学来的英文知识往往与现实生活中的语用实际脱节，而观看英文原版电影、录像不仅可以扩大词汇量，增强听说能力，还能从中学到很多文化知识。动态的电影、录像情境往往会让英语学习者更容易理解外国文化，印象也更为深刻。

3. 增强学生的跨文化感悟力

通过文化差异的比较，学生会在头脑中形成一种潜在的反应能力，这种能力就是通过语言这一载体对英语所反映的文化内容的综合性的理解能力，也就是人们常说的文化感悟力。

在英语教学中，教师应注重对英语国家文化背景的介绍，使学生了解英美等国家的文化，通过比较英汉文化的差异，让学生明白不同的语言及语言背后的不同文化，学会在适当的场合用适当的语言表达自己的思想，实现培养和提高学生运用英语在跨文化语境中正确交流的能力。

增强学生的跨文化感悟力，需要教师引导学生接触、理解文化差异。教师可以在课堂中教授文化知识。教材中有不少关于英语国家的生活方式、行为规范、价值观念、历史地理、文化艺术、风土人情、传统风俗等方面的对话和课文，教师应该让学生注意这些文化知识，增加学生对英语国家文化的感悟力。教师还可通过指导学生开展课外活动学习西方文化知识，如带领学生多读一些英语报刊、多听一些英语广播、多看一些原版影视资料来广泛接触和逐步丰富英语文化背景知识，还可以通过指导学生开展英语角、英语晚会、专题讲座以及课外实践活动，使学生在不断接触英语文化的环境中比较文化的差异，培养跨文化意识，增强跨文化感悟力。学生增强了跨文化感悟力，就容易理解交际中出现的文化差异，如一见到 black tea，立刻明白这是中国人常喝的"红茶"。

总之，只有在教学中充分挖掘课程中的文化内涵，引导学生课外了解英语文化知识，才能使学生认识到中西文化的差异，认识到世界文化的多元性，增强跨文化感悟力，最终形成较强的跨文化交际能力。跨文化意识就是指学生对外国文化和中国文化异同的敏感程度，以及在语言交际过程中根据外国文化调整自己语言行为的自觉性。跨文化意识在现代的跨文化交流中有十分重要的作用，缺乏跨文化意识往往会造成跨文化交流的失败。值得注意的是，在跨文化交流中，语言上的错误往往容易被别人谅解，由文化差异所引起的错误往往比语言性的错误更为严重，难以得到别人的谅解。传授文化知识的目的在于培养学生的跨文化意识，使学生能够自觉地按照英语的文化习惯使用英语进行交流。如果忽略或轻视了跨文化意识的培养，就会造成只教授语音、语法规则、词汇这些纯语言知识，却影响学生的语用能力，使学生不能正确地运用英语进行交流、英语语用不符合英语社会的文化性常规的局面。

## 二、"互联网+" 多元视角下多媒体辅助英语教学的实施

### （一）大学英语多媒体教学

1. 大学英语多媒体教学的优势

（1）能够实现以学生为中心

多媒体教学能够给学生提供一个真实的英语教学环境，学生能够在这个真实的语言环境中自主地发挥主观能动性，自主地安排学习内容及自我把握学习进度，学生不再被动地接受知识，反而主动、积极地进行英语学习。可以说，多媒体教学真正地实现了以学生为中心的教学准则，并有利于提高学生的综合英语能力。

（2）能够激发学生兴趣

大学英语多媒体教学将文本、图形、音频、视频等多种媒体整合到英语教学中，这种方式使英语学习内容不再枯燥乏味，而是充满动态色彩，有利于充分地激发学生的英语学习兴趣。

（3）能够打破时空限制

在传统的英语课堂教学中，由于教室空间的限制，每节课容纳学生的数量是有限的，最多只能容纳几十个学生，并且学生本身有着不同的学习条件，其学习水平也是不同的，而每节课的时间是有限的。英语教师只能在有限的时间、空间内对学习水平各异的学生进行教学。

然而与传统英语教学不同的是，英语多媒体教学真正地打破了时空的限制，学生除了在课堂上进行英语学习之外，在其他任何地方或任何时间都可自由地学习教师的多媒体软件，对课堂中不懂的知识点也可重新学习。在多媒体软件中，教师还能给学生共享多方面的学习资料，真正地实现了学生在世界的各个角落随时可完成学习任务。这一学习过程也有利于培养和提高学生分析信息的综合能力。

（4）能够增加课堂信息量

传统的英语教学内容以课本为主，但是由于版面的限制，课本的内容设置是有限的。而英语多媒体教学则能够为英语学习提供丰富多彩的内容，让学生能够全方面地从文本、图像、声音、影像等层面进行英语学习，可谓大大地增加了课堂信息量。

（5）能够优化课堂环境

在传统的课堂教学中，由于每个学生位于不同的位置，因此会受到一些客观因素的影响，如位于教室靠后的学生，常常会由于教师不同的音频对其英语学习造成一定的影响。具体而言，教师的音频越高，后排的学生听到的学习内容越清楚；教师的音频越低，后排的学生越容易听不清授课内容。长期下去，则会影响学生对英语学习的兴趣。

而在英语多媒体教学中，无论学生位于教室的哪个位置，都能够清楚地听见教师的教学内容。这是因为多媒体教学融音频、视频为一体，这在教学中尤其是大班教学中，能够有力地解决传统英语课堂教学的弊端，从而优化课堂环境。

多媒体教学模式是我国大学英语教学改革的要求。实践证明，发挥多媒体技术在英语学习中的作用，对于提高学生的学习兴趣与积极性、培养学生学习的能力有非常重要的影响。

2. 大学英语多媒体教学的特点

（1）资源的共享性

多媒体技术下所有的信息资源都可以实现数字化，这就意味着它们大多可以共享。如今我国很多英语教材出版商为了有效地介绍并推销自己的商品，纷纷建立自己的网站，这些网站里大多有与其出版的教材相配套的电子教案及教师的教学体会交流等，以供需要的人下载使用。这就大大减轻了教师的负担。资源共享一方面有利于教师学习他人的经验，另一方面也使教师从繁重并具有重复性的教学活动中解放了出来，使他们可以有更多的时间来探索教学道路，也能把更多时间放在学生身上，帮助他们解决学习上的困难。

（2）信息处理的集成性

过去我国的英语教学是以教材为核心来开展教学活动的，这样只能发挥学生的视觉功能，无法调动学生其他感官，这就对学生综合语言能力的提高产生了不小的限制。

多媒体教学将语言信息通过多通道统一组织和存储成为一个统一的整体，各种信息不再是相互分离、单独进行加工和处理的单一个体。通过多媒体技术，文字、图形、音频、视频等多种媒体信息都能集中在一起呈现出来。如此一来，学生也就能从眼、耳、口等多种渠道接收信息并送入大脑，然后通过大脑的综合分析与判断来获得全面而准确的信息。这种集成性使人们能够更加轻松地处理信息，因此有助于增加英语教学的生动性，提高学生的综合语言技能。

（3）信息媒体的多样性

人类对信息的接收与反应依赖于听觉、视觉、嗅觉、触觉和味觉五种感觉。其中，人类从外部获取的10%的信息是通过听觉获取的，人类通过视觉获取的信息为70%~80%，可见人类接收信息的最主要途径是视觉。而人类从外部获取的10%左右的信息是通过嗅觉、触觉和味觉共同获取的。多媒体技术下的信息呈现能够从各个方面刺激学生的各种感官，这就有助于学生全身心地感受知识、理解知识，从而更正确地使用知识。

与传统教学相比，多媒体教学具有良好的听觉和视觉效果，增大了学生的记忆内容，记忆的持久性增长；使教学内容信息容量加大；能节约大量的书写时间，可以最大限度地实现个性学习。它突破了传统的教学模式，构建了一个开放的教学空间。计算机多媒体教学软件可以保证发音地道，用生动形象的方式将历史事件、人物、地点呈现给学习者；图文并茂，画面动感，容易给学习者提供融文字、图像、图形、声音为一体的感官刺激；学习内容易记难忘、印象深刻，不容易产生乏味感，听、说、读、写、译各技能的训练可以紧密地安排在同一时间段；真实的材料、真实或近似真实的场景可反复使用，资源共享等特点保证了多媒体的效果和效率。

3. 大学英语多媒体教学的模式

多媒体教学改变了传统的、单一的教学方式，丰富了教学内容，提高了学生学习的兴趣，加强了语言教学中的文化导入，为学生提供了更真实的语言材料。因此，多媒体教学模式在大学英语教学中的运用成为一种必然的趋势。

（1）集体教学模式

集体教学模式与传统的教学模式类似，主要是依托多媒体技术，提前备好教学资料，利用多媒体将教学资料以文本、图像、音频、视频的方式呈现在学生面前的教学模式。

集体教学模式通常以教师的讲解、演示为主，在一定的空间范围内对一定数量的学生开展教学。集体教学模式以教师为主，多媒体软件仅起到辅助的作用。

另外，为了充分调动学生的学习兴趣，在使用集体教学模式时，教师还可以利用单个多媒体资料，如幻灯片、音频、视频等，以影像或电影的方式呈现英语教学内容。这种教学方式不是以教师的讲解为主，而是以影片对学生的启发为主，比单纯的知识讲解更有深度。同时还节省了一定的师资力量，并提高了教学效率，有利于实现良好的教学效果。

（2）个别化教学模式

个别化教学模式是指针对不同的学生进行的具体教学。在英语教学中，教师要学生为中心，针对不同学生的学习特点、兴趣以及学习进度，设定不同的教学目标，安排不同的教学内容，只有这样才能确保每一个学生个体都能够得到综合的发展。

利用个别化教学模式进行教学时，教师主要是根据学生的具体需要给学生制订自主学习方案、共享学习资料，以及针对学生在学习过程中遇到的问题进行及时的指导和纠正，并对学生的学习进度进行适当的监督。

（3）支架式教学模式

支架式教学模式认为，知识的学习不是从教师那里获取的，而是在真实的英语语境中，学生利用多媒体资料在教师与同学的帮助下，通过意义建构的方式获取的。

①构建知识框架

这是支架式教学模式的首要环节，要求教师在这一环节中，按照实际的教学主题，制定切实可行的教学目标，在构建知识框架的过程中注意协调各个教学之间的关系。

②进入问题情境

在这一环节中，教师可以利用多媒体技术（如音频、视频等）给学生的学习创建一个真实的英语情境，在这个情境中给学生设定一定的问题语境。在这一环节中需要注意综合使用视听与学生的思考相结合的策略，这有利于培养学生独立思考的能力。

③学生独立探索

通过上一环节设置问题情境，在教师的指导下，学生开始对问题情境及既定内容进行探索。起初学生在探索时，教师可对其进行相应的引导，并让学生从中得到一定的启发；随着探索次数的增加，要逐渐地减少教师的引导，让学生自主地进行探索，使学生在知识框架中自由地徜徉，直到找到与问题相关或者与学习内容相关的信息。

④小组协作学习

经过探索之后，需要分小组协作学习。在小组协作学习的过程中，需要将探索的信息进行协商、讨论，最后在小组共同讨论的基础上，对问题的答案及所学内容形成一个全面的认识，这也最终完成了对既定内容的意义建构。

⑤教学效果评价

教学效果评价是支架式教学模式中的最后一个环节。教学效果的评价不仅包括教师对学生学习效果的评价，还包括学生的自我评价及学生之间的相互评价。教学效果评价的内容不仅包括对学生的优秀表现进行表扬，还要对学生在整个教学过程中是否完成知识的意义建构（支架式教学目标）做出相应的评价。

多媒体教学模式在大学英语教学中的应用，为大学英语教学开辟了一条新的途径，十分符合语言学习规律，为能够真正实施外语素质教育提供了比较理想的语言教育环境。它不仅改变了教学手段，而且对教学模式、教学内容、教学方法等产生了深远的影响。

## （二）大学英语网络教学

### 1. 大学英语网络教学的优势

#### （1）有利于提供大量的学习资源

网络可以给学生提供大量的学习资源，并且这些资源的更新速度很快，因此具有时效性，其实用价值也相对较高。对大学英语教学而言，英语教学十分注重学生所学语言的地道、真实、实用。与传统教学相比，网络教学具有非常明显的优势。传统教学所提供的学习资源大多是文学著作，使用的大多是文学用语，很少涉及学生在日常学习或生活中的交际用语。网络所提供的英语学习资源除了文学语言之外，还有日常生活用语，这些网络所提供的生动的、大量的英语语言是教科书所无法实现的。

#### （2）有利于培养学生的听说能力

网络教学具有开放性和灵活性的特点，学生不需要太多的语言学习材料，只要有一台计算机，便可以随时随地地利用教学资源进行学习。传统的教学资料仅仅是文本与图片的结合，是静态的。而网络教学资料融文本、图片、音频、视频等多种媒体为一体，给学生的学习带来了完美的视听享受，丰富的语言学习材料、生动有趣的动感信息增添了学习的趣味性。

除此之外，英语网络教学还给学生提供了一个线上交流的平台，通过网络，学生可以和其他英语爱好者一起交流学习。这就是英语网络教学所具有的视听优势。英语学科主要培养学生的听、说、读、写能力，而网络教学所提供的正是视听方面的教材。因此，相比其他学科，英语学科使用网络教学更能体现其优越性，也为学生个性的发展提供了更广阔的空间。

#### （3）有利于提供新的师生交流平台

网络教学能够拓宽师生的课下交流平台。学生可以通过论坛给教师或同学留言，可以通过发帖的形式提出问题或回答他人的问题。教师也可以通过平台的通知板块为学生提供学习建议，提出学习目标或是发布近期作业。

#### （4）有利于培养学生的自主学习能力

传统的英语教学主要以教师为中心，采用的是灌输式的教学模式，以教师的讲解为主，学生只是被动地接受教师所传授的知识，学生的参与很少。长此以往，教师的语言表达技能得到了充分的训练，却逐步地削减了学生的自主性及积极性。

网络教学中网络平台的使用合理地解决了这一问题。在网络教学中，学生可以通过操控网络学习平台，不受时间和空间的限制进行自主式的学习、自主选择课程、自主安排学习进度，并通过人机交流的方式进行语言练习，从而实现真正意义上的个性化学习。学生学习语言知识不再仅仅依靠教材和教师，而是通过网络自主学习，在构建自己的知识体系的过程中逐步提高自身的综合语言水平。

网络英语教学摆脱了过去陈旧、单调的英语教学模式、教学理念和教学方法，并且网络教学以其独特的优势更容易激发大学生的自主学习兴趣，网络教学给大学英语教学注入了新的生机和活力。

2. 大学英语网络教学的优化策略

（1）改变教师教学态度

由于很多高校的教师已经习惯了传统英语教学模式，并且在多年的教学过程中也总结出了一套自己的教学方法，因此，在面对新兴的、陌生的网络教学模式时，这些教师常常会持有排斥心理。还有些教师习惯在教学中发挥主导的作用，认为网络教学的自主模式会影响他们行使自己的职责和发挥其功能。可见，为了顺利地开展网络教学，首先要改变教师对网络教学的态度。

可以通过讲座的方式帮助教师认识到网络教学的优势及教师掌握网络教学对自身教学能力提高的益处。当然，不可否认的是，网络教学给教师提出了更高的要求，面对新的要求和挑战，英语教师应该逐步地转变旧式的思想观念，以积极的心态投入网络教学的构建中，并指导和帮助学生在新的教学模式的影响下逐步地培养自主学习能力。

（2）重视教师培训

由于目前很多教师对网络教学模式缺乏一定的了解，在教学中不能有效地利用网络教学手段开展教学活动，因此为了使网络教学的相关技术在英语教学中得到充分的应用，需要重视对教师的培训。培训的内容可以涉及网络教学软件的使用、网络教学课件的制作、网络教学管理和评价等。只有重视教师的培训，逐步增强教师运用网络进行教学的能力，才能充分地、尽可能地发挥网络教学的功能和作用。

（3）加强对学生自主学习的监控

目前，国内各个高校对学生的自主学习的监督和控制力度较为薄弱，这也是各个高校英语网络教学始终普遍存在的一个问题。学生使用网络系统进行学习时，需要自主地安排学习计划和学习内容，网络教学对学生的自控能力要求很高。然而，大多数学生在缺乏外界监控的学习环境中很难保证学习的效率和质量。因此，为了改变这一现状，加强对学生自主学习的监控是非常有必要的。

高校对学生自主学习的监控可以通过以下两种方式来完成：

①学校进一步完善网络学习平台，对学生的整个学习过程进行有效的跟踪与记录。例如，可以记录学生在整个学习过程中每次测试的结果，根据这些测试结果对学生近期的学习状况进行分析。

②在网络平台中建立工作和评估机制，从而确保教师在指导工作中的效率和效果，真正起到监督学生有效学习的作用。

（4）合理定位

在教学活动中，教师是主导，学生是主体，网络多媒体则是辅助手段。传统教学具有一整套的教学程序、方法和要求，对于帮助学生获取知识、培养技能具有很大的优势，在教学中发挥着重要作用。但传统教学却不利于学生主动探求新知识和培养自身创新思维能力。网络教学的出现，为广大师生提供了丰富的教学资源和多种认知工具，为学生探求新知识、进行创新思维和创新能力训练、培养终身学习能力提供了丰富的资源和优越的环境。然而，网络不能代替人脑的思维过程和思考活动，网络多媒体演示不能取代教学全过程，因此网络教学并非传统课堂教学的终结，它只能定位为教学辅助手段，不能对其过于依赖。要真正发挥网络多媒体在教学中的作用，就必须注意形式与内容相互统一，使网络教学与传统教学有机结合起来，而且并非所有课程都能借助网络多媒体开展教学，也不可能每堂课都通过网络进行教学。只有对网络多媒体教学地位和作用进行准确的定位，才有利于制定正确的网络教学发展策略，从而收到良好的教学效果。

（5）网络教学与传统教学相结合

网络教学是信息与技术发展的必然产物，它为英语教学创造了更为有利的语言环境，在很大程度上弥补了传统教学的不足，但是仅仅依靠网络教学而完全舍弃传统教学的做法也是不可取的。传统教学有着网络教学无法具备的优势，两者应互相结合、互取优势，这样才能实现良好的教学效果。

与传统教学相比，网络教学缺乏教师与学生之间面对面的交流，忽略了学生在学习过程中的情感因素，学生也无法得到来自教师的人文关怀。在传统教学中，教师可以通过口头表扬或是鼓励的微笑帮助学生树立学习的自信心，激发学生的学习积极性。同时，教师还可以对学生在学习过程中出现的情感问题进行及时处理。

（6）加强对学生学习策略的指导

由于长期接受传统教学模式的教育，大多数学生对教师有着过于强烈的依赖性，自主学习能力较差。因此，为了让学生知道在学习中学什么、如何学，加强对学生学习策略的指导就显得尤为重要。

教师可以在课堂教学中采用展示、示范、训练、评估和扩展的方法传授学习策略，还可以指导学生定期对自己的学习进行评价和总结，并及时地调整学习方法，从而帮助学生掌握适合自己的学习策略。学生掌握学习策略有利于培养和提高自身的自主学习能力。

（7）改善英语网络教学模式设计

由于我国英语网络教学起步较晚，发展尚不成熟，因此英语网络教学模式的设计还存在很多需要改进的地方，当然这也是一项长期的艰巨工作。英语网络教学模式设计是整个英语网络教学及课程的设计和开发的关键，决定了即将开展的英语网络教学活动的种类，也决定了英语网络教学未来的发展方向。因此，整个网络教学模式设计也是网络教学设计人员、网络技术开发人员、英语教学人员等领域的专业人员共同努力合作的结果。只有各个领域专业人员团结合作，才能确保设计不仅符合网络教学理论，还符合英语教学理论。

在整个英语网络教学模式设计的过程中，要求团队成员之间互相交流、分工明确。如果缺乏一定的交流，则会导致设计出来的教学模式过于注重网络教学或过于注重英语教学，这样则很难实现预期的教学效果。可见，需要建立一个优秀的、分工明确的设计团队，这是成功构建英语网络教学模式的必要前提。

# 第二节　媒体融合视角下大学英语教学评价与自主学习

## 一、媒体融合视角下的大学英语教学评价模式分析

随着我国社会经济的发展进步，与国际社会的联系日益密切，人们对英语学习的重视度越来越高。在现代网络技术飞速发展过程中，利用多媒体网络展开英语教学属于一种新的教学方式，虽然当前国内外在网络技术下的大学英语教学评价模式方面的研究层出不穷，研究成果显著，但是很少有涉及网络教学评估问题方面的实验研究。从现代网络技术角度出发，展开大学英语教学评价，有着十分显著的价值和作用，能够使大学英语教学有效性得到显著提高。

### （一）大学英语教学评价模式设计的原则

第一，主体性原则。将学生置于评价主体性地位，通过教学评价，使学生能够提高在学习方面的控制有效性，积极参与到整个评价过程中。

第二，激励性原则。学生通过形成性评价，能够对自己的进步有一个直观的感受，体验到成功的乐趣，激发出学生学习的动力，进而使学生不断发展提高。

第三，过程性原则。在教学过程中，需要将评价贯穿在全过程，不仅要满足新课程相关标准，同时还需要符合指导学习策略。

第四，多元性原则。整个评价过程包含问卷调查、学生档案、活动记录等多种不同方式。在评价主体方面，不仅要有教师评价，还需要有学生的自我评价及家庭评价。另外，还需要重视学生之间的相互评价。在评价内容方面，不仅包含有学生掌握及运用知识能力的水平，还需要对学习过程中的态度、策略等展开评价。

第五，发展性原则。教师评价更多的是为了提高教学有效性，并不是简单地判断学生的优劣对错，学生发展评价不能仅仅评价学生的学习状况，更多地需要强调学生的形成性作用及学生未来的发展。

## （二）大学英语多维评价模式构建策略

### 1. 学生档案

学生档案的建立，可以帮助教师更好地了解和记忆学生的特长与学习习惯，通过对学生学习过程的记录，来分析教学工作的展开，有助于教师提高自己的教学教研能力。学生档案中的信息收集，需要教师和学生共同来完成，在信息收集的过程中，加强了教师与学生的沟通，学生不再是被动接受，而是变为主动评价。

学生的学习成果、学习过程及学习评价，是学生档案中主要记录的信息，通过学生档案，学生可以直白地了解到自身的学习程度，从而提高自身自主学习及自主调整的能力，这是一个不断提高与反思的过程。同时学生档案中包含了对学生学习的评价，不仅仅是教师的评价，也包含学生自己的评价，甚至同学之间的互相评价，通过评价体系，学生可以对自己的学习进度及成绩增长有一定的了解和认识，还能够帮助学生找到自己的优势和不足。与此同时，教师要在学生的自检过程中给予帮助和指导，帮助学生找到解决问题的办法。

### 2. 师生交流

师生交流是学生和教师之间，进行学术讨论和相互学习的主要手段，恰当的师生交流环节，能够帮助师生建立良好的学习关系，同时拉近学生与教师之间的距离，有助于教师和学生共同成长、进步。教师和学生之间可以进行学术项目以及学习方法的讨论和交流，建议教师和学生之间的交流语言采用英语，这样不仅能够锻炼学生的口语表达能力，还能在交流的过程中进行学习，进而增强学生的学习兴趣。

通过师生交流，教师能够清晰地了解到学生的优势和短处，并且帮助教师及时地进行教学内容及教学策略的调整和改进，同时对教师进行教学策略的检验也有一定的帮助。定期的师生交流，可以帮助学生培养发现问题、解决问题的能力，在课后的师生交流过程中，教师可以及时收集教学反馈信息，可以帮助教师更好地改进教学策略。

3. 自我评价

英语教学中应当确立学生为教学主体，所有教学内容的制定和教学策略的展开，都应当以学生为主要出发点和着眼点。同时对于学生而言，要着重培养其目标感，帮助学生建立学习目标，并且引导学生制订学习计划，根据学习进度进行自评自省。自我评价对学生提高学习成绩有至关重要的作用，在进行自我评价的初期，可以由教师制定评价标准，在评价过程中，由教师进行监督，同时引导学生发现自身的缺点和问题，并及时进行改正。

# 二、媒体融合视角下大学英语自主学习策略研究

## （一）元认知策略

元认知策略强调学生为完成学习目标，进行积极、主动的自我计划、监督、评价、控制及调节的过程。网络自主学习关键在于学生对认知过程进行调节和控制的能力。学生在学习过程中把元认知策略分解成学习方法和技巧，包括认知策略（复述、归纳、推理、转换、记忆、背诵、写作、听力、阅读等常规策略）在内。认知策略和元认知策略相互联系、共同作用，保证学习者实现认知目标。元认知策略控制整个信息加工过程，并制约和促进认知策略的发展。网络自主学习就是不断提出目标、实现目标的过程。学生努力地管理和控制自己的学习过程，把自己看成具有自我效能和内在动机的个体，能够选择甚至构造最优学习环境。网络学习者要取得成功，自立、自主、自选尤为重要。

## （二）情感调控策略

大学生运用网络进行自主英语学习，情感方面的因素非常重要，大学生应当学会自我调控情感。除了智力，情感也是学习中非常重要的推动力，在学习的过程中，如果学生能拥有良好的态度和情绪状态，就能够高效地学习知识。而自我调控，就要调节自己的学习动力，从学习的动机下手，提高学习兴趣，同时增强

自信心，减少焦虑，端正态度，找出自己学习状态不佳的原因。

自主学习英语的自我调控，体现在很多方面，多媒体和网络会有故障的情况，在出现问题时，应当心平气和冷静对待，在自主学习的过程中，逐渐适应运用网络学习英语。网络有联络的功能，学生可以积极地和同学及伙伴进行互动，互相鼓励、互相交流，在表达自己的过程中，不要害怕犯错误，大胆地使用自己学到的知识。同时劳逸结合，在疲惫的时候可以通过网络进行自我放松。

（三）补偿策略

补偿策略原指为了争取更多的交际机会、维持交际过程，并能提高交际效果，学习者自主使用的各种学习策略（如猜测、迂回等）。学习者在语言知识不足的情况下，可以使用补偿策略，用目的语进行输入或输出。补偿策略可以弥补语法、词汇等技巧的不足，其可以被理解为学生在自主学习时的过程。学生可以观看全外文的视频，在观看情节的过程中，猜测语句的含义，仔细倾听；也可以利用多媒体软件进行阅读，当遇到生词句子时，可以用在线翻译词典等软件进行查阅，如果遇到的生词不会影响句子的理解，可以跳过，同时在阅读的过程中，发现好词好句和比较有收藏价值的段落，可以复制粘贴到自己的文档中，制作成阅读学习笔记。

（四）社会策略

社会策略属于间接策略，包括与他人合作、交流，咨询问题及同情他人三个范畴。在网络学习的过程中，社会策略被理解为一系列的学习举动。学生可以通过社交网络软件，寻找学习伙伴，互相分享英语学习资料；可以找以自己想学习的目标语言是其母语的本族人，与他进行交流，在交流的过程中，大胆地表达与提问，互相促进学习；可以向教师索要对学习有帮助的网站和学习资料等；也可以通过网页，查找以学习语言为母语的国家的背景资料，通过了解加深兴趣；还可以与自己的同学建立学习小组，为小组寻找资料、分享资料，能够适当地为小组成员答疑解惑。

（五）自主学习策略

自主学习策略有以下分支。

1. 情景性策略

情景性策略是指情景交融中生动形象地传达出发言人的声音和肢体语言，并且情景性策略有一个虚拟实验室，是将现实中的环境融入一个未知的世界。在这种虚拟实验室中，学生好像真实地在进行和他人交流，学生可以充分地获取各种立体的信息，通过这种方法提高学生应用语言的能力。

为了达到真实情景，教师一定要为学生准备一系列的情景虚拟环境。为了追求真实感，不需要事先准备策略，同时，虚拟环境中，应当加入一些真实生活中需要解决的任务，让学生将解决任务的过程同生活中解决任务的过程相吻合，在这一过程中，学生之间互相交流、互相探索，教师也可以向学生展示一些专家在解决问题时的策略，增强学生的策略思维，并在任务结束后，对学生的表现进行评估。

2. 自我调节策略

进入 21 世纪，随着社会水平的提高，互联网进入人们的生活之中，网络对人们的学习也有着不小的作用。网络环境下的自主学习主要是运用内省+追溯的策略来对自身进行有效的自我调节。学习者可以通过两种方法来进行自我调节：一是运用电子反思档案，顾名思义，学习者可以直观地发现学习中可能出现的问题和障碍，并及时找到原因；二是自身采取措施，学习者可以根据自身情况，进行有效的调整，形成系统的学习方法，并且可以找到解决问题的办法。

3. 批判性学习策略

"教师权威观"这种传统观念指的是教师说的就是对的，学生就要听教师的，这种观念是不利于培养学生批判性思维和创新意识的。而在网络课堂上，教师并没有高学生一等，也没有什么教师权威，教师和学生是平等的，学生也不一定就要接受专家们的权威观点。如果学生对专家、教师提出的这些观点看得太片面，是很有可能走入误区的。学生应该在互联网上多查阅资料、获取信息，从而建立一个自己的认知结构，这样在面对教师、专家们的观念和思想时才能做出是否有理的判断，决不盲目地跟从观点。这样才能够更好地培养学生的批判性思维和创新意识，从而培养具有创新性的复合型人才。

4. 抛锚式学习策略

抛锚式学习策略抓住计算机网络的虚拟化技术来达到情景化效果的学习模式。众所周知，网络环境是以技术整合为基础的学习环境，学生在整个学习过程中会体验到真实感，所得知识带有较完整的体系。多场景的虚拟现实生活背景，有利于促进学生假期知识的迁移，并解决学生学习上遇到的疑难问题。在当代网络环境下的抛锚式学习，增加了计算机访问互动网站和情景中的某特定部分的互动，并在宏观条件下提出所锚定的问题，通过思维的拓展，引出一系列相似问题，在宏观背景与特定创造相互作用下，使学生能够深入其中。

5. 支架式学习策略

学生是信息加工的主体，要利用学习过程中的情景、协作、会话等学习环境要素使学生充分发挥自主性与积极性。支架式学习策略的学习过程是通过"搭脚手架""进入情景"和"独立探索"三个环节来完成的。支架式学习可以帮助学习者加深对知识的理解，并形成牢固的概念理解和记忆，同时有助于提高学习者解决实际问题的能力。所以，要预先把学习任务逐步分解，使其由复杂变为简化，使学习者对学习任务的理解由浅入深。

此外，支架式学习策略的实施和教师有着重要关系。支架式学习要求教师提前做好关于教学对象、教学内容和教学环境等不同情况的准备，根据每个学生的状况来布置对学生有利的学习任务，在整个过程中需要教师对学生进行细微式的指导，帮助学生挑选合适的学习资料，达到因材施教的效果。在现阶段的网络环境下，可以利用计算机技术向学生进行学习内容的延伸，包括背景知识和学习目标等，这样可以帮助学生形成一套良性的动态学习网络。学生以一定社会文化的背景为主、人际活动为辅来加强对其所学知识意义的深刻了解，达到教学控制由教师到学生的过程转移，极大地增强了学生的自主学习能力。

6. 学习资源管理策略

学习资源管理策略是为了帮助学生合理利用环境和资源而提出的。该策略对学生在网络自主学习中具有重要作用，可以帮助学生提高适应环境的能力，并灵活调节环境以配合自己的需要。学习资源管理策略并不是一个单一的策略，包含了对学习时间、学习环境的管理策略及寻求他人帮助策略等。

### 7. 自主学习互动策略

自主学习互动策略是以教师与学生之间，或学生与学生之间通过模拟环境来进行互动的一种策略，该策略可以让陈述出来的枯燥知识向程序性的生动知识进行转变。行为、个体与环境之间是有一定联系的，它们会产生相互交错的影响。在网络环境中，学生应该调动自己的积极性，多去参与自主学习中心的人机互动、人人互动、师生互动，同时教师应该精心设计互动的环境并在互动中发挥引导作用。

### 8. 数据驱动学习策略

数据驱动学习指的是学生在自主学习中心进行学习时，可以借助语料库进行相关词汇的语料检索。在学习过程中，学生的主体性应当被激发和突显。教师的帮助与引导起到了辅助作用，帮助学生寻找材料，并适当地进行点拨，在犯错的点予以纠正。学生在查找关键词时，可以查找相关语境下的同一词汇，在寻找的过程中，发现词汇的真正含义与用法。

### 9. 目标性资源管理策略

自主学习是需要目标性资源管理策略的，因为网络资源模态的多种多样和无限性是网络自主学习的优点，没有该策略的话，自主学习很可能会迷茫、会没有思路。现在中国已有多个大学博物馆，不用付费的网络教育资源也很多，甚至可以在网上找到各种世界名校的共享课程而且是精品课程。这种共享性的海量教育资源，需要目标性资源管理策略的支撑。学生的批判性思维能力可以通过这种理解、批判、筛选与归类的过程，从中得到开发和提升，这也是目标性资源管理策略的实现方式。

### 10. 内省策略及追溯策略

内省策略顾名思义就是通过对自己的反省，找出自己的优点和缺点，梳理对知识的认知与不足，摸索出最适合自己的学习方法及知道自己如何应对学习中出现的问题，是一个具有指导性的学习策略，追溯策略也是如此。内省策略在互联网时代下，学生自主学习效率的高低，是由使用自主学习课堂的次数决定的。创新型人才是 21 世纪需要的重点人才，学生应该把自己培养成创新型人才，那首先就要增强自我思考、对事情的推理和论证能力等，学生可以通过建立一个自主学习反思的电子档案，按时进行反省和分析，学会通过反省自己的学习过程找到适合的学习方法、探索解决问题的合理思路，这样才能向创新型人才发展，并提高自主学习的效率。

# 第三节　大学英语教学中跨文化交际能力的培养

## 一、大学生跨文化意识与能力的培养

### （一）跨文化交际意识

1. 跨文化意识的含义

跨文化意识是跨文化交际中认知方面的问题，指的是对影响人们思维与行动的文化习惯的理解。跨文化意识要求人们认识到自己具有文化属性，也要基于同样的认识去探寻其他文化的突出特征。只有这样，他们才能在跨文化交际中有效地理解他种文化人们的行为。由于每一种文化都有其独特的思维方式，不同文化之间的误解就往往会在跨文化交际中造成严重的问题。

上面这一段话主要说明跨文化的问题集中于人的认知方面，但是跨文化意识又与其他可以学习和认知的知识、信息不同，它主要作用于人们对于风俗文化的理解。在跨文化意识的帮助下，人们不仅要理解自己是文化人，也要将其他人看作文化人，并且有意识地探究和理解他国与自己国家之间的文化差异，并将跨文化理论应用到实际的交流中。跨文化意识注重人的认知，忽略了人们对于文化差异的"承认"和"接受"。要想有效地提高跨文化交际的效率，不仅要认识到文化之间的差异，还要接受和理解这种差异。只有这样，人们才能更加顺利地进行跨文化交流。

在跨文化交际中如果能够具备一定的跨文化意识，就能够认识到不同国家之间人们的风俗习惯、行为方式有很大的不同，而这种不同是客观存在的，是合情合理的。虽然有所不同，但并不意味着谁会高人一等，人人都是平等的。在跨文化交际中，必须深入理解和接受不同文化之间的差异，而其前提条件就是要具备一定的跨文化意识。

2. 跨文化意识形成的过程

从获取跨文化意识所经历的重重艰难和挫折可以看出，要想使跨文化意识得到提高，就必须克服各种艰难和阻力，同时要意识到获得跨文化意识必须经历一个既漫长又艰苦的过程，并努力坚持，如此才能最终达到使自己满意的跨文化交际能力和文化适应水平。

（1）获得跨文化意识的层次

第一个层次：保持旅游者的心态。这一层次的主要特点是从本国文化的视角去观察其他文化，往往看到的是浮于表面的且孤立的现象，并习惯将这些现象模式化，将某个事件看作普遍的现象，将浮于表面的现象当作文化的本质特征。此时，新来者可能会具有非常强烈的文化偏见，但对新的文化又会有一种新奇感。

第二个层次：有文化休克的现象。由于新来者对新文化缺乏认识，因此常导致文化误解和文化冲突的事件频频出现，新来者在此环境下不免会受严重的影响，如容易感情用事、缺乏理性思考，对新的文化和环境易产生抵触和逃避的态度。无所适从、忐忑不安、抵触心理严重是文化休克的三大主要心理特点。

第三个层次：要具有理性分析和想适应的态度。新来者伴随着跨文化知识的增长，对新的环境渐渐有了熟悉感，也开始与新文化中的人进行交往。在这一层次，新来者最大的特点是开始有对自己所遇到的文化差异和文化冲突进行冷静处理、理性思考的能力，而且产生主动了解和想适应的要求。

第四个层次：要具有主动了解和自觉适应的态度。随着对新的环境和跨文化交际的认识与适应，新来者逐渐透过"文化冰山"的阻隔，从之前只注重表面和孤立的文化，转变为深入观察和了解文化的深层含义、了解新的文化特征。其中，新的文化特征主要包括新的民族特色和社会情况、人们的思维方式和价值观、生活习惯和交际行为，新来者正是基于对这些文化特征的认识，才愿意且自觉地提高对这些文化的认识，才能逐渐地承认和接受文化差异。此时，跨文化交际者才将跨文化意识提到一个更高的层次。具体来说，如果新来者愿意做出某些方面的改变，以适应新的文化交际对象和新的文化环境，那就说明其已经达到了初步适应文化水平的能力。

（2）增强跨文化意识的过程

①尊重新文化并乐于与新文化的人交往。

②积极参与新文化和/或与新文化的人交往。

③理解新文化的现象与交际行为，并相信这些现象是合理的，是有其文化渊源的。

④愿意调整自己的认识与行为，开始理解并主动适应新的交际环境或文化环境。

⑤达到适应新文化的交际行为和新文化环境的水平。

## （二）跨文化交际能力

### 1. 跨文化交际能力的含义

跨文化交际能力指的是在一个多文化和国际化的环境中生存与发展，能够成功地进行跨文化交际的能力。关于跨文化交际能力的定义，不同的学者有着不同的看法，但通常都会用"有效性"和"适当性"来定义跨文化交际能力。

跨文化交际能力指的是交际者在特定语境下所表现出来的适当和有效的行为。该定义表明了跨文化交际能力的适当性和有效性同具体的语境有关，跨文化交往中的得体性要由交际双方根据具体语境去协调和构建。

跨文化交际能力要求学习者超越本族语和目的语及其相应的具体文化的束缚，深入了解和理解不同文化所具有的思维方式与生活方式方面的异同，努力拓宽视野，尽力培养灵活的、能够适应多种不同社会文化环境的交际能力。跨文化交际能力的很多内容与外语教学密切相关，可以而且必须在外语教学中得以培养和发展。

### 2. 跨文化交际能力要素及其关系

关于跨文化交际能力的要素，学者们的意见始终不统一。跨文化交际能力包含如下内容：

（1）能对他人保持尊敬和积极的态度。

（2）能以描述的方式对待别人，不对他人进行评判。

（3）能明确认识人与人之间在感知、知识、情感、见解等方面的自然差异。

（4）能换位思考问题。

（5）能灵活自如地应对不同情景。

（6）能对对方的需求做出准确判断并与之恰当互动。

（7）能从容应对并迅速适应环境的变化。

跨文化交际能力是人们在任何特定文化中应付各种跨文化交际情景的内在能力，这一能力的核心是适应能力。跨文化交际能力在认知方面体现为头脑的开放性、对事物复杂性和多样性的认识，以及视野和角度的变换能力等；在情感方面的体现主要包括移情能力、对不确定性的容忍度，以及能够克服偏见与民族中心主义等；在行为方面的体现包括处理交际问题、建立和维持相互关系，以及完成交际任务的能力等。无论是认知、情感还是行为方面的适应能力，都要通过语言的使用来体现。

## （三）大学生跨文化意识与能力培养的途径

### 1. 提升教师自身的文化修养

我国的高等教育对培养学生跨文化交际意识和能力的研究与教学起步较晚，发展较为缓慢。教师作为教学的主导，其教学观念直接影响着教学的方式、内容和成效。教师如果自身文化素养不够高，就很难在课堂上很好地对学生进行跨文化意识与能力的培养。我国大学英语教学中跨文化交际意识与能力培养的一个重要问题就是受教师观念及自身素质的制约。我国很多从事大学英语教学的教师缺乏海外留学的经验，这使得他们无法生动形象地讲授英语国家的风俗文化和文化差异的各种现象，无法更好地进行言传身教。

为了迎合新时期大学生跨文化交际意识与能力的培养需求，可以开辟多种路径，如给教师提供出国工作和学习的机会，鼓励他们去国外进修学习。同时，教师自身要持续学习，具备鲜明的跨文化交际意识，不仅要了解不同文化之间的区别，还要了解这种区别背后的深层原因，这样才能更好地传授学生文化知识，帮助学生形成正确的跨文化交际观念。此外，高校可以邀请国外相关方面的专家或教师进行交换学习或开展讲座等，还可以适时引进外籍优秀教师和学者，提升国内教师整体跨文化水平。总之，只有教师具备丰富的跨文化知识和交际经验，才能更有效地培养学生的跨文化意识，增强学生跨文化交际能力。

2. 加强学生对跨文化知识的学习

不同民族有其自身独特的语言，这些语言都是民族文化特色的重要组成内容。在英语学习过程中，教师要引导学生正确地认识语言与文化之间的关系，并正视不同文化之间存在的客观差异，从观念上进行思维转换，帮助学生形成更加完善的认知。只有这样，学生才能消除语言学习中因文化差异而引起的不必要的误读，加深对英语学习的理解与掌握。在具体的教学过程中，教师要从不同层面出发，如词汇、句法、语用、思维等，对中西方语言与文化进行科学对比，提高学生跨文化交际意识和能力。下面就具体介绍英汉语言与文化之间存在的诸多差异，以便师生参考和学习。

（1）英汉语言词汇差异

①构词差异。在构词方面，词缀法、复合法都是英汉语言重要的构词方法，这里重点对这两种方法进行介绍。

词缀法就是在词根上加上前缀或后缀构成另一个与原义稍有不同或截然相反的词。

汉语中的词缀较为简单，主要有下面三种形式：

第一种是前缀，即词缀+词根，如"老虎""小张"。

第二种是后缀，即词根+词缀，如"瘦子""桌子"。

第三种是叠音后缀，即词根+叠音词缀，如"红彤彤""暖洋洋"。

与汉语相比，词缀法是英语构词法的核心，由词缀构成的词汇数量非常庞大。这里主要介绍一下英语词缀中的前缀和后缀。

英语前缀通常不会改变词性，仅改变词义。

表示否定意义的前缀。如下几种前缀均表示"不"：

un-，如 unhappy（不高兴的）。

dis-，如 disagree（不同意）。

in-/im-，如 incorrect（不正确的）。

ir-，用于以 r 开头的单词，如 irregular（不规则的）。il-，用于以 l 开头的单词，如 illegal（不合法的）。

mis-，如 misuse（错用）。

non-，如 non-smoker（非吸烟者）。

表示其他意义的前缀列举如下：

re-表示"再，又，重"，如 rewrite（重写）。

a-表示"的"，可以构成表语形容词，如 alone（单独的）、alike（相像的）。

tele-表示"远程的"，如 telephone（电话）。

en-表示"使"，如 enlarge（扩大）。

inter-表示"关系"，如 Internet（因特网）。

与前缀不同，英语中的后缀通常会改变词性，构成意思相近的其他词性的词。此外，少数英语后缀能改变词义。

动词后缀列举如下：

-fy，如 beauty→beautify（美化）。

-en，如 sharp→sharpen（削）。

形容词后缀列举如下：

-ly，如 year→yearly（每年的）。

-en，如 wood→wooden（木制的）。

-ful，如 care→careful（小心的）。

-less，如 use→useless（无用的）。

-ous，如 fame→famous（著名的）。

-ish，如 self→selfish（自私的）。

-ive，如 collect→collective（集体的）。

副词后缀列举如下：

-ward 表示"方向"，如 eastward（向东）。

名词后缀列举如下：

-th，如 long→length（长度）。

-ist，如 science→scientist（科学家）。

-ment，如 moves→movement（运动）。

-ness，如 busy→business（事务）。

-tion，如 dictate→dictation（听写）。

-er，如 buy→buyer（买主）。

-or，如 sail→sailor（海员）。

复合法简单来说就是将两个或者多个独立的词语连接在一起组成新词的方法。英汉语复合法的区别在于汉语由语素构成，构词不仅是从词性上来分类，更重要的是从语素之间的关系来分类，即动宾关系、主谓关系、动补关系、偏正关系等。相比之下，复合法是英语构词的主要方式之一。具体来说，英语复合词可以分为复合名词、复合动词、复合形容词。

复合名词是英语中最常见的复合词。复合名词的构成形式有以下九类：

A. 动词+名词。例如：

chops+sticks＝chopsticks（筷子）

B. 名词+动词。例如：

heart+beat＝heartbeat（伤心）

day+break＝daybreak（黎明）

snow+fall＝snowfall（降雪）

hair+cut＝haircut（理发）

C. 名词+名词。例如：

boy+friend＝boyfriend（男朋友）

north+east＝northeast（东北）

foot+ball＝football（足球）

post+card＝postcard（明信片）

D. 形容词+名词。例如：

black+board＝blackboard（黑板）

dead+line＝deadline（截止日期）

high+way＝highway（高速公路）

E. 副词+名词。例如：

off+chance＝off chance（不容易有的机会）

over+due＝overdue（逾期）

on+line＝online（在线）

F. 动词+副词。例如：

take+over＝takeover（接管）

G. 副词+动词。例如：

out+put＝output（输出）

in+take＝intake（摄入）

H. 介词+名词。例如：

after+noon＝afternoon（下午）

by+product＝by-product（副产品）

I. -ing+名词。例如：

cleaning lady（清洁女工）

parking meter（停车计时器）

washing machine（洗衣机）

复合动词一般是在复合名词和复合形容词的基础上，通过词类转化法或逆生法而构成的。此外，副词与动词可以构成复合动词。例如：

out+go＝outgo（比……走得远）

under+go＝undergo（经历）

under+write＝underwrite（承担）

复合形容词的后半部分主要包括名词、形容词、副词，以及具有形容词性质的-ing 分词或-ed 分词。例如：

bullet+proof＝bulletproof（防弹的）

duty+free＝duty-free（免税的）

green+blind＝green-blind（绿色色盲的）

ever+green＝evergreen（常绿的；永葆青春的）

关于英语复合词的词性，通常可以通过以下三种方法确定：

第一，如果两个词词性相同，那么它们构成的复合词的词性也不变。例如：

news（名词）+paper（名词）= newspaper（名词）

上面两个原有单词都是名词，合成的 newspaper 也是名词。

第二，如果词语词性不同，那么它们构成的复合词词性与最后一个词相同。例如：water（名词）+proof（形容词）= waterproof（形容词）

white（形容词）+wash（动词）= whitewash（动词）

第三，如果是介词和其他词合成，那么构成的复合词其词性归属其他词。例如：

under（介词）+take（动词）= undertake（动词）

②词汇文化内涵差异。对中国学生来说，其在学习英语词汇时，往往喜欢把一些单词与汉语词汇进行联系，以便记忆。实际上，语言也属于一种特殊的文化，是文化的重要写照。我们在运用某个单词时，不能仅仅注意其表面的意思，还要从跨文化的角度进行深层次揣摩，如此才能准确理解词汇所表达的内涵。

（2）英汉语言句法差异

英汉语言在句法层面也存在诸多差异，这里重点介绍下面两点。

①句子语态差异。英语句子有很明显的物称倾向，常常选择不能施行动作或无生命事物的词语做主语，特别是理论性或信息性的问题表达中更习惯采用被动语态。

从语法结构上说，英语中存在十多种被动语态，并且时态不同，其被动语态结构也存在差异，如一般现在时被动语态、一般过去时被动语态等。当然，不同的被动语态其所代表的意义也必然不同。例如：

English is spoken by many people in the world.

世界上有许多人说英语。

Apple trees were planted on the hill last year.

去年山上种了很多苹果树。

AI technology will be used in the future.

将来会用到人工智能技术。

通过分析不难发现，第一个句子为一般现在时态，其被动语态表达的是现在的情况；第二个句子为一般过去时态，其被动语态表达的也是过去的情况；第三个句子为一般将来时态，其被动语态表达的也是将来的情况。

与西方人不同，中国人做事通常侧重动作执行者的作用，体现在语言层面，就是习惯人称化的表达，常用主动语态，以陈述清楚动作的执行者。虽然汉语中也存在被动语态，但其主要用来表达不希望、不如意的事情。受文化差异的影响，汉语中的被动语态往往比较生硬。例如：

饭吃了吗？

病被治好了吗？

显然，上述两句话虽然使用了被动语态表达，但是显得非常别扭，甚至很难读，因此应改为：

你吃饭了吗？

医生治好你的病了吗？

这样修改为主动句式之后，句子就显得流畅许多。

此外，如果无法确定动作执行者，中国人也往往会使用"有人""大家""人们"等泛称词语替代。当然，如果没有泛称词语，也可以采用无人称，即所谓的"无主句"。例如：

下雨了。

快走！

②句子重心差异。在句子重心方面，英语句子一般重心在前，而汉语句子与之相反，即重心在后。也就是说，英语句子一般将重要信息、主要部分置于主句之中，位于句首；而汉语句子一般将重要信息、主要部分置于句尾，次要信息、次要部分置于句首。

（3）英汉语言运用差异

跨文化交际之所以会出现许多问题，大多是由于中西方的文化差异直接引起了语用上的差异。这里重点介绍中西方社交语用方面的差异，主要涉及以下六个方面：

①寒暄方面。中国人在见面时常常会询问对方"去哪里啊？吃了吗？最近怎么样？"之类的问候用语，在中国人看来，这些话语能够拉近彼此之间的距离，

还能表示对对方的关心。但是对于西方人来说，这种情况很难理解，甚至还会感到愤怒。这是因为西方人对隐私非常看重，人们通常不会讨论个人的年龄、收入、家庭情况、住址、信仰等问题，相反他们通常会谈论天气。可见，初次与西方人见面时，不要按照中国人的思维习惯，贸然询问隐私方面的问题。

②客套方面。在表达客套上，中国人一般很注重形式，讲究礼仪，重视表象；而西方人多是直线型思维，讲求效率和价值，没有过多的繁文缛节。

③称赞方面。称赞是一种对他人品质、能力、仪表等的褒奖言行，恰当的称赞可以鼓励他人、缓解矛盾、缓和人际关系等。美国人对 nice、good、beautiful、pretty、great 等形容词的使用比较多，最常用的动词有 like、love 等。对称赞的反应，英美人一般表示感谢，也就是正面接受称赞，不过并非全接受，有时也有拒绝的情况出现。英美人拒绝称赞并非因为谦虚，而只是出于观点不同的直接表达。中国人与英美人不同，一般不会爽快地以迎合的方式去接受对方的称赞或恭维，而是习惯使用"自贬"的方式来对待他人的赞美，如"过奖""哪里，哪里"。

④答谢方面。别人对我们表达感谢时，出于礼貌，我们通常需要答谢，以维持良好的人际关系。在答谢方面，中西方也体现出明显的差异。中国人在答谢时往往会说"不用客气""别这么说""这是我应该做的"等，以表示谦虚。但如果与西方人交往时回答"It´s my duty."就违背了交际的初衷，因为"It´s my duty."的意思为"这是我的职责所在"，是不得不做的。

此外，中国社会推崇"施恩不求报"的美德，因此人们在答谢时往往推脱不受，对受惠者给予的物质回馈或金钱奖励也常常当场拒绝，实在无法拒绝而收下时也会说"恭敬不如从命"。

西方人对待别人感谢之词的态度与中国人有很大的不同，他们常常会说"Not at all.""It´s my pleasure.""Don´t mention it."或"You´re welcome."等。在收到物质回馈或金钱奖励时也往往高兴地接受，他们认为这是对自己善举的肯定和尊重。

⑤迎客方面。中国自古以来都是礼仪之邦，因此非常重视礼仪。当有尊贵的客人来访时，主人通常会出门远迎，在见面时会采用握手礼或拱手礼。在一些较

为庄重的场合甚至要行鞠躬礼。汉语中问候语也有很多。

⑥道别方面。在道别时，中国人常常会远送，客人和主人互说些叮嘱的话，最后客人通常会说"请留步"，主人说"走好""慢走""再来"等。"送君千里，终须一别"就表达了主人与客人间依依惜别的情形。而西方人在道别时并不会如此注重形式，双方示意一笑或做个再见的手势或说"Bye!""See you later!""Take care!"即可。

此外，英语国家的人在道别时很注意对双方接触的评价，以表达愉快相会的心情。中国人道别时一般不会对当前的接触进行评价，而是注重相互表达关切之情。中国人常说的"有空常来呀"这类话没有给出明确的时间，大多时候表示的仅仅是一种客套。而西方人的再次邀请都是出于真实想法，时间也通常是明确的。

（4）中西方思维模式差异

中国汉字易于勾起人们对现实世界里事物形象的想象或联想，因此这种意象化语言的长期运用，使得中国人的思维路线呈螺旋型，具有较强的立体感和间接性。

首先，这种思维过程常常表现为重复性的深化阐述，这样做或是为了强调，或是因为问题复杂，仅靠一轮论证还不足以厘清概念、阐明问题，所以需要再来一轮阐述；但这种重复并非在原有基础上的简单重复，而是更进一步、在更高层次上进行的思索与论述，是螺旋形上升式思考。

其次，中国人的思维具有明显的间接性或者迂回性，即思考问题时喜欢拐弯抹角。在不便明说或难以启齿，或在和陌生人尤其是有重大利害关系的人打交道时，他们经常采取迂回的方式，或朝着目标绕道而行，或拐弯抹角地暗示主题或意图。中国人撰写的文章往往是以笼统、概括的陈述开头，各个段落里常含有似乎与文章其他部分无关的信息。在交际中，中国人相对比较内敛、含蓄、隐忍，处世态度中庸。

西方人在思维中长期采用线型连接和排列的文字符号，这使他们的思维路线呈直线型，具有较强的直接性。这一思维方式会映射在写作、交际等方面，所以西方人写文章时喜欢直奔主题，在日常交际中显得较为直接、外露、开放。

3. 充分利用课堂教学

课堂是学生学习英语语言与文化知识的主要场所，因此教师应高效利用课堂时间展开教学。具体来说，教师需要在以下两个方面格外注意：

（1）重视课前预习

在课堂教学正式开始前进行预习是非常重要的。教师可以要求学生在课前通过各种途径查询与教材内容相关的文化背景知识，并在课程讲授前与学生展开分析与探讨。

（2）重视课堂讨论

讨论能够活跃课堂气氛，还能调动学生的积极性，启发学生的思辨能力。因此，教师要多组织课堂讨论活动。例如，教师可以让学生就收集的资料进行课堂分享，学生由于提前进行了查询工作，分享时就会更加自信，尤其是对于语言基础较差或性格较为内向的学生来说，分享可以使他们受到鼓舞，树立学习英语的自信心。此外，由于学生收集资料的途径不尽相同，分享发言的角度也有所不同，因此学生可以互相学习、取长补短、共同进步。

4. 努力创设第二课堂

课堂时间毕竟有限，学生难以得到充分的交际训练，因此不能仅仅依靠课堂教学培养学生的跨文化交际意识与能力。对教师来说，应有效利用课外时间，努力创设第二课堂，组织各种课外活动，营造一个自然的英语学习环境。教师可以结合具体教学情况，组织与跨文化交际主题相关的实践活动，如学习沙龙、英语角、英语辩论赛、英语演讲比赛、英语话剧表演等。这一方面可以激发学生对英语学习的兴趣，另一方面学生通过参与这些活动，可以得到训练，提高跨文化交际能力。此外，教师可以鼓励学生阅读优秀的英语国家文学作品，或欣赏反映中西方文化差异的优秀影视作品，在阅读和欣赏中学习文化知识，提升文化素养。

# 二、大学生跨文化非语言交际能力的培养

## （一）影响大学生跨文化交际的主要非语言交际因素

非语言交际是指运用各种非语言信息符号进行的人际交往，其与"语言交

际"共同构成了交际的两个层面，在人际交往中发挥着重要作用。无声语言所显示的意义要比有声语言多得多，而且深刻得多。因为有声语言往往要把表达意思的大部分甚至绝大部分隐藏起来。然而，在现实社会中，人们对非语言交际并没有给予足够的重视，一般仅是下意识或潜意识地运用或者解释它，这就造成很多不必要的误解与隔膜。因此，非语言交际也是跨文化交际研究中的一个重要内容。

非语言交际包括非语言行为和非语言手段，主要包括体态语、副语言、客体语、环境语等类型。其中，体态语和副语言属于非语言行为，客体语和环境语属于非语言手段。可见，非语言交际内容丰富、形式多样。对我国大学生来说，在跨文化交际实践中影响最大、最易形成交际障碍的是不同文化的时间观、空间观、肢体语言等的差异。

1. 中西方时间观差异

时间在人们的日常生活中起着重要作用，不同文化背景中的人对时间文化取向及守时、时限等概念的态度存在很大差别。

（1）多时制文化与单时制文化

英语国家属于单时制文化，东方国家属于多时制文化。

多时制文化整体表现为同一时间做多项工作，并且工作易受干扰，时间承诺只是一个理想目标，可以轻易地改变计划。而单时制文化整体表现为一次只做一件事，并且做事专心致志，认真履行时间承诺，遵守计划。

具体来说，在守时方面，英美人非常看重时间，注重守时，工作和日常活动往往都有精确的日程表，超过5分钟就算迟到。而其他一些国家，如阿拉伯人迟到的标准是半小时。

在时限方面，英美人讲究效率，做事喜欢开门见山。为了合理利用自己的时间，西方人在开始做事之前往往会进行细致、周密的规划，以保证事情的顺利完成。东方人做事则更重感情和人情，注重人际关系的维持。

在对早到的态度方面，中西方也存在差异。例如，英美外籍教师邀请中国学生到家中进餐，中国学生往往会出于好意，提前很长时间甚至一两个小时来看是否需要帮忙。而外籍教师认为这打乱了他的计划，给他增添了不必要的麻烦。

（2）"过去"时间观与"将来"时间观

中国有灿烂、悠久的历史文化，每一个中国人都不能忘本，不能遗忘历史，每一个中华儿女都应该以中国数千年的文明为傲，忘记历史就是一种"忘本"的表现，在这种思想的深刻影响下，中国人牢记过去的仁义道德，用过去的标准来评判现代人的行为，如"前所未有""闻所未闻"等。

当然，虽然现代社会中的中国人不再特别看重历史，而是将心思放在未来的发展上，但不可否认，"过去"时间观念依然存在于中国人的内心深处。

2. 中西方空间观差异

所谓空间观念，就是人们在历史发展过程中所形成的、与交际距离及空间距离有关的一种约定俗成的规则，还包括人们在交往过程中所具有的领地意识。

在人际交往中，人与人总是有意或无意地保持着个人和他人或与周围环境的距离，就个体来说，其空间需求大体上可分为以下几种距离，如表6-1所示。

表6-1　人际交往中的距离

| 距离范围 | 所代表的人际关系 | 具体社交表现 |
| --- | --- | --- |
| 5厘米以内 | 亲密距离 | 低声私语，谈论绝密之事，如谈情说爱 |
| 45~120厘米 | 个人接触距离 | 这是在进行非正式的个人交谈时最常保持的距离。和人谈话时，不可站得太近，一般保持在50厘米以外为宜，如朋友谈心 |
| 120~360厘米 | 社交距离 | 一般在工作环境和社交聚会上，人们都保持这种程度的距离，它体现出一种社交性或礼节上的较正式关系。例如，在社交场合人们握手之后进行寒暄时的距离 |

续表

| 距离范围 | 所代表的人际关系 | 具体社交表现 |
|---|---|---|
| 360~760厘米 | 公共距离 | 彼此极为生硬的交谈及非正式的场合，一般是个人在正式场合对一组人讲话的距离，如发表演说、讲课等 |
| 760厘米以上 | 远距离 | 远距离交际除有时大声喊叫外，多数均采用特殊手段，如用扬声器、打手势、打旗语等 |

不同文化在空间观念方面存在明显差异，主要体现在领地意识与空间取向两个层面。

（1）领地意识差异

受聚拢型文化理念的影响，中国人在日常生活中喜欢与人分享信息，这意味着中国人在心理上所具有的隐私范围是比较小的。例如，同性朋友经常手拉手或勾肩搭背，以示其亲密的朋友关系。总体来看，中国文化具有接触性文化的特征。

英语文化则属于非接触性文化。在英美等国家，亲密距离一般适用于夫妻、父母与子女或异性恋人之间，同性朋友交往时很少保持这种距离。

（2）空间取向差异

中西方文化在空间取向上具有明显的差异。空间取向指的是交际过程中交际双方所处的方位、位置等。以座位摆放情况为例，中国人在谈判或开会时，往往会面对面就座，尤其是在一些严肃的场合更是如此。在上级批评下级的时候，上级坐着，下级往往隔桌站立。在学校的教室中，桌椅安排都是固定有序的，不会轻易改变，且桌椅基本上采用传统的以教师为中心的摆放模式，教师站得高、离得远，对学生情况一目了然，这也显示出教师的权威。

与上述情况大不相同的是，西方人的座位摆放更具有随意性，他们在开会或谈判的时候往往呈直角就座，如果两个人在同一侧就座，那么意味着这两个人的关系十分密切。另外，西方学校的教室里桌椅的安排不是固定不变的，他们往往会根据教学需要来排放座位，有时直接弃之不用，师生围坐在地板上上课，这营造出一种轻松的教学氛围，也体现了平等的师生关系。

3. 中西方肢体语言差异

肢体语言简单来说就是身体语言，是通过身体的动作来表情达意的一种沟通方式。用肢体语言进行交际，没有固定的法则和明确的符号。肢体语言非常丰富，通常和语言搭配使用，起着加强语气或补充的作用。因此，在交际中，交际者必须了解对方的肢体语言。广义的肢体语言包括身势语、身体接触、眼神交流和表情，因此下面重点介绍中西方在这四个方面的差异。

（1）身势语差异

身势语是文化和交际的重要组成部分，可以说和语言同样重要。在不同的文化中，身势语的意义可能是不同的。中西方身势语差异包含以下两种情形：

①动作一样、意义不同。相同的身势语在不同的文化中可能表示不同的意义，如表6-2所示。

表6-2　中西方意义不同的身势语

| 身势语 | 英语意义 | 汉语意义 |
| --- | --- | --- |
| 跺脚 | 不耐烦 | 气愤，恼怒，灰心，悔恨 |
| 听众和观众鼓掌，表演者或讲话人也鼓掌 | 为自己鼓掌，被认为不谦虚 | 谢谢，互相表示友好感情 |
| 目不转睛地看 | 不礼貌，使人发窘，不自在 | 好奇，有时是惊讶 |
| 发"嘘"声 | 要求安静 | 反对，责骂，轰赶 |
| 拍别人的脑袋 | 安慰，鼓励，钟爱 | 疼爱（大人对孩子），其他情况下会引起别人的反感 |

②意义相同、动作不同。要表示相同的意义，不同的文化可能使用不同的身势语，如表6-3所示。

表6-3　中西方动作不同的身势语

| 意义 | 中国的身势语 | 美国的身势语 |
|---|---|---|
| 叫别人过来 | 把手伸向被叫人，手心向下，几个手指同时弯曲几次 | 把手伸向被叫人，手心向上，握拳，食指弯曲几次 |
| 吃饱了 | 一只手或两只手轻轻拍自己的肚子 | 一只手放在自己的喉头，手指伸开，手心向下 |
| "丢人""没羞"（开玩笑） | 伸出食指，用指尖在自己的脸上轻轻画几下，手指伸直 | 伸出两只手的食指，手心向下，用一个食指擦另一个食指的背面 |

总体来说，南欧、中东、拉丁美洲地区的人们讲话时动作较多，幅度也较大；北欧、英美、亚洲的人动作较少，幅度也较小。

（2）身体接触差异

身体接触的原因有很多，大致包括下面四类：第一类是友爱，如亲友分别许久后再次见面时的握手和拥抱；第二类是情爱，如男女恋人的触摸；第三类是社交，如握手和礼仪性质的拥抱；第四类是功能，这种接触通常是职业性的触摸，是冷漠的，不包含个人感情成分。

文化可以根据不同民族的人的身体接触的多少进行分类，具体可以分为"接触性文化"与"低接触文化"。具体来说，寒冷地区人际关系往往比较冷淡，属于低接触文化，这是因为寒冷地区的人主要关注工作任务的完成，不需要过多的身体接触。相比之下，气候暖和的国家多属于接触性文化，因为气候温和地区的人们常常进行户外活动，相互之间关系较密切，身体的接触也较多。

在中国，异性之间在公开场合身体接触较少，在公开场合很少拥抱和接吻。

不过，随着现代社会的不断发展，这种现象有了较大的改变。在西方国家，两个年轻的同性手拉手在街上走路，往往会被认为是同性恋者，异性间同样的行为却被视为很自然。

在接触婴孩方面，中西方文化也表现出明显的差异。在中国，触摸小孩是一种亲昵的举动，可以摸摸孩子的头，也可以抱过来亲吻。但是在西方国家，人们都不随便触摸或亲吻孩子，除非是家庭成员或极为亲密的朋友关系。

（3）眼神交流差异

眼神交流包括多种情形，如看不看对方、什么时候看、看多久、看什么人。注视对方的不同情况取决于相遇的场所。

在亚洲的许多国家，人们认为讲话时眼睛直视对方是不礼貌的，尤其是下级在听上级讲话时，下级往往向下看以表示尊敬。

在西方国家，熟人之间交际时都应注视对方。任何一方不看对方，都可以表示特定的意义，如害怕对方、轻视对方、感到内疚、漠不关心等。在对公众讲话时也要和他们进行眼神交流。听的人一般要注视着说话人的眼睛或脸，表示自己在听。盯着对方看或看得过久都是不合适的。对于陌生人，通常都是目光接触后立即移开，如果迟迟不挪开视线，往往包含着好奇、喜爱、发生兴趣等含义。

（4）表情差异

不同的民族表达感情的方式不同，在面部表情上也有不同的体现。中国人通常喜怒不形于色，西方人的面部表情则较多。不同文化背景的人，面部表情的含义也有所不同。举个最常见的例子，笑表示心情愉快，这对于每个国家的人来说都是如此，但是在微笑方面同样存在细微的民族差异。美国人认为笑总是表示高兴、情绪高昂或者认为某件事很滑稽，日本妇女则会因为慌乱或尴尬而微笑。

（二）非语言交际的功能

虽然我们用声音器官说话，但我们用整个身体来交谈。这句话说明了非语言交际在人们的日常交际中所起的重要作用。在日常交际中，非语言交际的功能主要包括以下五种：

1. 补充，也就是用来补充语言没有表达出的信息，增添了更多的言外之意，对语言起到修饰和描述的作用。例如，当某个人道歉说"对不起"时，如果只听声音，可能会没有太大触动，但是如果同时看着对方的脸，听着对方说出"对不起"，那么这个道歉所体现出的力量会大得多。

2. 重复，即重复语言信息的意义。例如，示意一个人停止讲话时，在嘴里说出"停"的同时，可以做出一只手顶住另一只手的姿势，以此强调暂停。

3. 调节。非语言行为可以作为控制谈话的重要方式，如人们可以通过眼神、点头或摇头、语调变化等来调节或控制交际。

4. 替代。非语言交际不仅具有重复功能，有时还可以直接替代话语，此时人们是使用动作来完成交际的。例如，在会议室里，如果要跟某人互动，可以不用大声呼喊，而是向他摆手，并将手指向见面地点。

5. 否定。非语言交际有时会"出卖"语言，换句话说，有时候人们的非语言行为透露的信息与语言行为并不一致。例如，你告诉别人你很轻松，但是同时你的手在摇晃，声音也在颤抖，这就表明你的内心其实并不轻松。可见，在很多情况下，非语言行为更能反映一个人内心的真实状态。

### （三）大学生非语言交际能力培养的策略

#### 1. 改变教学思想，提升跨文化非语言交际意识

大学英语教师在教学思想上要认识到：大学英语教学的最终目的在于运用目的语展开交际。在交际过程中，为了避免发生文化冲突，就必须重视非语言交际。因此，大学英语教师需要提升自身的跨文化交际意识，在日常工作中注重研究非语言交际，通过对非语言交际手段、行为的学习，提高自身的非语言表达能力，进而提升交际的效果，使自己的一言一行更为得体。

另外，在大学英语教学中，教师要有目的、有意识地向学生讲述非语言交际的内容。在大学英语课堂教学中，教师要对非语言交际的手段进行灵活处理，并介绍中西方在非语言交际层面的差异。例如，英语国家的"OK"的手势可以表达成功、一切均好等意思，但是在汉语中并不具备这一含义。同时，在大学英语教学中，教师可以将教材中提及的非语言交际手段运用到口语训练或者生词讲解中，让学生对两种语言的非语言交际行为进行对比与讨论。

2. 恰当运用英文影视、电子教材、网络等现代教学手段

电视、电影等是对非语言交际手段的表情动作、姿态等进行观察与研究的重要手段与材料。例如，英语教学片 *People You Meet* 就是对英国家庭情况的介绍，学生通过观察片段中人物的表情、动作等，对英国家庭的文化知识有所了解与把握。

也就是说，教师在组织学生观看电影、教学片时，应该让学生注意其中的动作与行为，尤其是非语言行为，观察他们在什么情况下、什么时候、对谁运用怎样的手势，并明确其表达的具体含义，之后教师可以设计相关问题让学生解答，如此一来，学生就能够对这些非语言行为有清楚的了解。

3. 创设跨文化交际活动，让学生在实践中加深理解

大学英语教师应该鼓励大学生参与一些跨文化交际活动，让他们对不同文化的差异性有切身感受，通过与不同文化背景下的人们进行交流，习得应变能力，并运用所学的知识对跨文化交际中遇到的非语言交际行为问题进行有效解决。

在不具备目的语环境下，学生能够运用到的最有力资源就是外籍教师，现在很多大学都有外籍教师，他们就是进行非语言交际的活教材。大学生应多和他们进行交流，观察他们在说话时所运用的非语言交际手段与行为，这样才能够不断提升自身的跨文化非语言交际能力。

4. 引导学生运用报纸、杂志等媒介对非语言交际语料进行收集

要提升大学生的跨文化非语言交际能力，除了教师的知识灌输，学生也需要把握好业余的时间，如可以通过报纸、杂志等，对西方国家的非语言交际知识进行了解，尤其是了解彼此的差异，收集非语言交际的语料，配上语言素材，从而编制成短剧加以表演，这样学生不仅可以加深印象，还可以丰富自己的业余生活。

# 第四节 跨文化教育背景下大学英语教师专业能力发展

## 一、跨文化教育背景下大学英语教师的角色定位

随着全球化进程的加快，人们对跨文化教育的认知也不断深化，加上人们对英语地位的关注，使得英语教学逐渐成为教育界研究的焦点。在跨文化教育背景下，英语教学改革不断推进，其中课程与教材是英语教学改革的核心内容，而与学生有着人际互动关系的教师是英语教学改革的关键因素。大学英语教师对英语课程的认知程度与水平，对顺利实施教学活动有着直接的影响。尤其是在跨文化教育背景下，教师面临着重重挑战，能否对自身的角色进行调整，能否紧跟时代的步伐，是新形势下教师需要思考的问题。

### （一）教师角色及传统大学英语教师的角色

说到角色，人们一般会联想到身份、地位，认为角色是对身份、地位的诠释。每一种社会身份都会伴随特定的行为规范、行为模式等产生，当某一个体产生了为自己的社会身份所规定的行为时，角色便诞生了，教师也是如此。在当今社会，教师扮演着十分重要的角色，他们以各种方式调动与引导学生参与活动，并且引导学生在自己设定的环境中展开探索。下面具体分析教师的角色及传统大学英语教师的角色。

1. 教师角色

总体来说，教师角色的特点可以归结为自主性、人格化、个体创造性、多样性与发展性五点。

（1）自主性

基于社会分工，教师这一职业得以诞生并延续。因此，教师应该从某种特定的社会要求出发，教书育人。从这方面来说，教师的角色目标是规定性的、统

一的。

但是，这并不意味着教师不能自主，教师在从事教育工作的同时，可以依据社会总体要求，对所要达到的目标的路径与方法进行自主选择。在课堂教学中，教师有对课程、教学方法进行选择的自主权。在课程设计、教学过程、学生管理与评价等层面，教师也享有这种自主权，他人不得干涉。

（2）人格化

教师从事的主要工作是培养人，他们需要根据自身掌握的知识，并且通过自己的道德和人格感染与影响学生。在教育活动中，教师应该将自己的人格化发展到极致。教师的高尚人格有助于对学生的心灵产生感化与推动的作用。

对于学生的心灵来说，教师的人格是不可替代的一缕阳光。在教育活动中，教师需要以人格为依据，这样才能充分发挥自身的力量。教师的人格对于学生人格的形成与发展有着直接的影响。

可见，教师角色具有明显的人格化，这一特点要求教师关注自己的道德与人格修养，在实际教学中应该将自身的人格魅力发挥出来，这样教育出来的学生才能具有高尚的品格。

（3）个体创造性

教师角色具有明显的个体创造性，这是教师与其他职业不同的地方。具体而言，教师角色的个体创造性主要体现为如下两点：

①学生是教师的劳动对象，需要教师的教育与培养。为了促进学生的成长，教师应该对每一位学生有全面的了解，从学生自身的特点与需求出发，对学生因材施教。这也体现了当前的个性化教育。

②教师的许多行为本身就具有个性化特点。从客观层面上说，在时间与空间上，与同行相比，教师工作往往以个人活动为主，主要根据个人的活动，完成教学任务，促进自身的发展。从主观层面上说，教师所持有的观念是独立的成功观念，强调通过自身的奋斗获取成功。

（4）多样性

教师在不同的空间生活，在不同的舞台扮演不同的角色。很多社会学者研究发现，作为学校成员、社会成员，教师角色往往会发生交错，甚至会出现冲突，但是又呈现和谐共存的局面。

教师作为生活中一般的社会成员，他们享有普通公民所享有的权利与义务，扮演的角色也是学生的导师、公众的模范。

教师作为学校环境中的一员，他们除了扮演教师角色，还会受社会期望因素的影响和制约。因此，教师的角色也是多变的，如纪律执行者、心理保健者、学生的朋友等。

（5）发展性

当今社会，信息技术迅猛发展，知识学习也不再封闭，基于这样的环境与条件，教师需要创新教育、终身学习，才能不断提高自身能力。当然，也正是因为这些理念，教师的责任越来越大，他们需要不断武装自己，紧跟时代的步伐，了解自身的情况，用发展的眼光对自己的角色进行定位，从而更好地引导新时代背景下的学生。

2. 传统大学英语教师的角色

（1）知识的复制者

在传统的大学英语教学中，教师的工作就是将知识原封不动地传授给学生。在传统大学英语教师的眼中，书本知识就是金科玉律，教参就是真理，因此教师会将书本知识作为教授学生的重要依据，往往根据书本编写教案。对教师教学的好坏进行评价的标准主要是教师能否把书本知识传达得到位、准确。显然，基于这样的观念，每一位教师都从书本内容出发开展教学，教师很自然地就成了英语课本的复制者。

传统的大学英语教学为教师配备了一整套教材、教参等，并且为教师设计了教材上要求的每一堂课的活动，甚至对教师说的话都做了明确的规定。教师如同批量生产的工人一般，千篇一律地开展教学，将大纲内容复制给学生。

实际上，教学的过程是一个师生互动的过程。就建构主义学派的观点来说，这一过程是师生对客观事物的意义加以构建的过程，并且是合作性的构建，而不是单纯地对客观知识加以传递。

在大学英语课堂教学中，教材、教参等是重要的资源，师生需要对这些资源进行开发。尤其对教师来说，他们需要对这些资源加以分割与整合，之后才能通过与学生的互动，将固有内容转化成丰富的、可供学生理解与接受的知识。将教材的静态知识转换成动态的资源，将课堂上单一的知识讲解转变成生动的课堂活动，最终目的都在于帮助学生获得知识。就这一角度而言，不仅学生是知识的构建者与参与者，教师更是将自身置于开放的环境中，成为资源的积极构建者。

（2）知识的传授者

在信息技术环境下，很多教师仍旧存在"教书匠"的意识，他们侧重于书本作为经验与教学方式，采用灌输的手段进行教学。一些教师将学生看作被动接受知识的容器，认为教材是学生获取知识的对象，而教师是将这些知识灌输给学生的人。显然，教师充当了一个传话筒的角色，学生充当的是接收器，教学被简单地视作知识的传递过程。这种过于重视知识而忽视具体能力的教学方法，势必会造成教学过程的重复、单一，也会制约教师的创新意识，使教师的教学思想与观念更加保守、陈旧。

在新形势下，信息技术迅猛发展，教师在技术、知识上所具有的权威地位受到了极大的挑战。在新环境下，大学英语教师对于知识传授者的角色是否有新的理解？是否对新的角色进行定位？教师对自身的教学手段、角色观念是否感到不适？教师如何转变自我并适应这一环境？这些问题都说明，教师应更新教学理念，积极转变自身角色。

3. 独白者

就独白式教育现象而言，教师的行为虽然忠于学科，但是背离了教育学生的初衷。教师的工作是为了学生、为了学科与社会，因此他们对这些都应该做到忠诚。这是教师的基本职业道德要求。在传统的教学环境下，教师是课堂教学的控制者及秩序的维护者。大学英语课堂本应该是一个活泼、生动的课堂，却被上成了枯燥、死板的语法课、翻译课。这种将大学英语课堂视作静态的、完成既定任务的情况，必然使学生处于被动的地位，使学生失去积极参与课堂的自由与权利。教师在课堂这一舞台上扮演独角戏的角色，这样的教学必然会使教师精疲力竭，使学生感到厌倦。

可见，教师的独白很少考虑学生的现有水平与兴趣，教师虽然做到了对学科的忠诚，但实际上这是一种知识专制教育。教师希望将所有的知识传授给学生，使得知识成了教学的中心，学生则处于边缘化的地位。

## （二）跨文化教育背景下大学英语教师角色的转变

传统的大学英语教师所扮演的角色已经很难满足当今社会发展的需要。在当今这个多元化的社会中，教育是多样的，所以教育活动需要适应不同层次的学生的需求。教师只有具备多文化教育观，才能与多文化社会教育相适应。也就是说，教师不再是知识的权威传授者，而是被赋予了新的角色。下面就具体分析跨文化教育背景下大学英语教师角色的转变。

### 1. 多文化的驾驭者

教师对于多文化的驾驭能力对大学英语课程的实施有着直接的影响，也对学生的学习情况有着直接的影响。跨文化教育背景下的大学英语教师应该具备多文化教育观。随着世界逐渐成为一个地球村，文化矛盾是必然存在的，增进不同文化之间的理解显得十分必要。

但是，我们需要破除性别、民族等相关的成见，强调人类是基本相近的这一特征。在大学英语教学中，教师要充分明确这一点。教师应该对教材进行谨慎的选择，消除存在各种偏见、歧视等内容的教材；选择一些视听材料、课外书籍，对教材加以补足，增进学生对其他族群的认知与了解；尽量选择一些观点上保持一致的教材，避免出现使用一些本身存在认知冲突的教材；选择的教材要避免在概念、教学活动中掺杂偏见成分。

### 2. 本土知识的传授者

教师不仅需要认知与了解其他族群的文化，还需要对本土文化知识有清楚的了解与把握，应该是本土文化知识的专家，挖掘本土文化所蕴含的特色与思维形式。教师是知识的引导者，也是文化的传承者，他们应该以真诚的态度出现在学生面前，将本土文化知识融入自己的课堂中，与学生展开平等的交流。这样可以为大学英语课堂教学提供更为广阔的空间，同时有助于构建和谐的师生关系。

教师要对本土文化知识有敏锐的直觉，注重保护本土文化知识的价值，并且懂得如何对学校所处社区的本土文化知识进行发掘。在大学英语教学过程中，教师应该对学生在本土社会中获取的知识予以尊重，而不是一味地否定或者贬低。

教师可以引导学生对本土文化知识与书本知识进行比较，理解各自赖以生存的本土社会间的关系，指导学生将本土文化知识与书本知识紧密融合，从而创造出新的知识体系。

### 3. 多文化教育环境的创建者

学校与教室的文化环境对学生的学习也会产生影响。作为一种社会化机构，学校的目标、功能、管理等都属于主流文化，如果教师不知道如何对学校的教学环境进行塑造，那么就很难在家庭、社区、学校之间找到一个平衡点，也很难让学生适应。因此，教师要努力创建多文化教育环境。具体来说，可以从如下两点着手：

（1）师生之间要构建信任关系。师生间的人际关系会对学生的成绩产生较大影响，教师的偏见容易造成师生之间的隔阂与误解。如果师生之间存在这种隔阂与误解，那么会对学生的自我观念产生负面影响，让学生产生挫败感，甚至使其孤立无援。

（2）教师要努力构建一种积极的家庭式氛围，为学生提供一个尊重与关怀的环境。教师要对学生的文化背景有充分的了解，不断搜寻相关的信息，将其自然地融入教学中。

总之，教师只有充当一名多文化的创建者，才能对学生所处的文化环境有清楚的了解，对学生的文化价值观有清楚的把握。同时，教师只有从多个角度理解文化，才能为每一位学生创造合适的教学策略与内容。

## 二、跨文化教育背景下大学英语教师专业能力的发展途径

文化素质是大学英语教师专业竞争力的核心元素。在新形势下，大学英语教师的专业发展面临着专业意识欠缺、专业能力薄弱等问题。对此，在跨文化教育背景下，教师应该展望未来，培养专业意识，丰富专业知识，大胆反思，从而成为多文化教师。具体来说，主要从以下三大个方面着手：

### （一）开展文化培训

要培养出一名合格的大学英语教师，仅仅用几天、几周的时间是不可能的。

实际上，培养一名优秀的教师，往往从外语学习的第一天就开始了，通过学校教育直到教师走上讲台之前的培训，甚至走上讲台之后还需要进行再教育。

对于中国的英语教学来说，传统的教学方法之所以代代相传，是因为这些方法在大学英语教师的脑海中根深蒂固。可见，从源头抓起是培养合格的大学英语教师的关键。换句话说，要让教师逐渐学习和接触新的教学理念与方法，同时鼓励他们不断创新教学方法，这样才能用新的教学方法与教学理念影响学生。要想培养高水平的教师，培养教师的跨文化意识，必须对教师进行文化层面的培训。

1. 培训内容

大学英语教师要想成为一名合格的教师，必须具备较强的知识与能力及良好的态度。教师要想达到这些标准，就必须进行文化教学培训。分类标准不同，培训的类型与内容也不同，如可以分为岗前培训与在岗培训，也可以分为教学方法培训与教材运用方法培训，还可以分为长期培训与短期培训等。对教师开展培训，应该具有系统性，并定期进行，不能仅通过一次或几次培训就结束了。

因此，要将文化教学作为考量因素，为教师提供一个文化教学培训的框架，并且能够用于各种不同的教师培训系统中，为教师的文化教学培训提供一定的参考。

总体而言，教师的文化教学培训可以分为如下两种：

（1）文化能力培训

个人文化能力包含三个层面：文化知识、文化意识、文化行为。因此，文化能力培训的目的可以总结为如下三点：

①帮助教师补充文化知识。通过对教师进行文化教学培训，让教师真正地掌握如下能力：对语言、文化、交际三者的关系有所理解和把握；对本土文化与目的语文化的差异性有清楚的认知；对文化、跨文化意识、跨文化交际、跨文化能力等相关概念有清楚的理解和把握；对英语在国际上的地位和作用有清楚的认识。

②帮助教师提高文化意识和跨文化敏感性。通过对教师进行文化教学培训，让教师真正掌握如下六个方面的能力：认识到文化在个人、社会所起的重要作用，尤其认识到文化对跨文化交际的作用；愿意了解不同文化，并且愿意与不同文化背景

下的人们展开交流；培养对文化差异的捕捉、欣赏、理解能力；能够对自己的言行、跨文化交际经历等进行反思；对自己的跨文化敏感性发展情况进行分析与汇总；能够发挥出文化教学的功能，并且有意识、有计划地开展跨文化外语教学。

③帮助教师调整自己的文化行为，提高跨文化交际能力。通过对教师进行文化教学培训，让他们真正掌握如下三个方面的能力：根据不同文化，对自己的交际方式进行调整，并且采用多种策略、多种手段来进行交际；能够与不同文化背景下的人建立友好、平等的关系；勇于参与文化研究与学习，对新的文化群体展开分析和了解。

（2）文化教学培训

对教师进行文化教学培训，目标如下：确定文化教学的目标；设计文化教学大纲；选择文化教学方法，并且有效使用；分析与合理利用教材，并且结合教材添加一些辅助材料；布置文化学习任务；确定文化学习的评价方法。

在跨文化外语教学中，文化教学与外语教学紧密结合，因此在对大学英语教师进行文化教学培训时，也需要将二者结合起来。如果用独立的方式来处理，那么就违背了跨文化外语教学的宗旨。

2. 培训方法

（1）文化意识的培训方法

文化、文化差异及外语教学的文化教学潜力是客观存在的，关键的一点是让教师意识到它们的存在，即要提高教师的文化敏感性和文化教学的意识。基于此，教师的文化知识积累和文化能力及文化教学能力才会突飞猛进。所以，文化教学培训的一个根本特点就是"使隐含的东西明确化"。

教师参加培训时，通常带着丰富的文化体验，他们的文化参考框架经过长期、不断的建构和修改，已经成为他们个人身份和个性的一个象征。他们在日常工作和生活中，在与他人进行交流时，都会自动地、无意识地使用其文化参考框架。为了使教师意识到文化参考框架的存在和作用，最有效的方法是采用文化冲撞、关键事件和反思练习等跨文化培训的方法。

（2）文化知识的培训方法

文化人类学全面而系统地阐述了文化概念和知识的学习，无论是在文化理论研究、具体文化的描述上，还是在文化研究的方法上都已形成了较为完善的体系，是外语教师获取相关文化知识的可靠来源。因此，它理应成为外语教师培训的一门必修课。外语教师学习文化人类学时，需要利用文化人类学的部分研究成果，以获取对文化相关概念更清楚的理解，对相关文化群体更全面、深入地了解，同时借鉴其中的一些文化研究和探索的方法。

应该由来自不同领域的专家，如外语教学研究者、文化学家、跨文化交际研究者、教师培训专家等，共同完成对文化人类学研究成果的筛选和选用工作，选择那些教师需要掌握的理论和信息作为培训的内容。

社会学和跨文化交际学的研究成果同样是教师培训应该关注的内容。这两门学科清晰地描述了语言、文化、社会和交际之间复杂的关系。

（3）文化能力的培训方法

文化能力的培训不仅包含教师的认知心理，还囊括教师的行为、教师的情感等。相比较而言，对教师进行文化能力的培训是复杂的，文化能力的培训主要包含如下两种：

其一，跨文化交际能力培训。跨文化交际能力培训始于文化冲撞，目的是让教师通过情感、心理层面的冲撞，对文化冲突有清晰的了解及感性层面的认识。培训者向教师介绍跨文化交际的困难，然后帮助教师解决这些困难。具体有四种方法：可以给教师提供跨文化交际实践的机会，如到外国人家中做客、到外企见习等；可以让教师通过观察跨文化交际的成败案例来汲取经验，避免进入交际误区；可以通过讲座等活动，让教师不断了解跨文化的本质，弄清文化冲撞为何要产生，进而调整自身的心态；可以让所有教师分享自身的跨文化经历。在整个培训过程中，培训者应该反复强调反思的重要性，受训者正是通过不断学习、不断体会、不断反思才能有效地增强自己的跨文化意识和跨文化交际能力。

其二，文化学习和探索能力培养。文化学习和探索能力培养是要帮助受训教师掌握一套文化学习的方法，使他们能够对遇到的新的文化现象和文化群体进行探索研究。文化学习和探索能力首先是基于勇敢、敏感等情感状态的。如果对文化没有敏感性，忽视文化差异，那么必然会遇到文化学习的障碍。面对陌生的文化环境，很多人选择逃避和退缩，而善于学习和探索的人会勇敢地尝试和体验，积极参加各种有利于自己了解该文化群体的活动。与不同文化背景的人相处时，具备了宽容和移情两种素质，就能有效地避免误解和冲突的发生，文化学习和探索才可能顺利完成。

## （二）提升专业能力

教师要想在跨文化教育背景下提升自身的跨文化意识，首先需要提升自身的专业能力。具体来说，可以从如下三点着手：

### 1. 专业引领

当前，我国的大学英语教学在不断革新。先进的理念需要有骨干、研究者的带领，如此才能促进教师自身的专业发展。一般来说，教学专家、资深教师等都可以起到专业引领的作用。普通大学英语教师要向他们学习，接触先进的思想与经验，从而推动自身的专业化发展。

（1）专业引领的要求

其一，要发挥专家和普通大学英语教师之间的能动性与积极性。不同的引领人员，所侧重的层面必然不同。科研专家非常注重教学理论，因此其在引领上更注重理论与实践的结合。骨干教师注重教学实践，因此其在引领上更注重具体操作。但是无论是哪一种引领，引领者都需要具备较强的引领能力，既能够在理论上进行指导，又能够在具体操作中提供建议。对于普通大学英语教师而言，他们应该配合专家与骨干教师，对他们给予的建议要认真听取，并且择优采纳，从而分析与总结自身的教学问题，对自己的教学活动进行反思，提升自身的专业素质。

其二，大学英语教师要保证内容、目标正确，采用的方法恰当。大学英语教师专业发展的总目标在于让教师能够对新知识、新信息予以把握，并且能够在这些新知识、新信息的基础上提升自身的专业素质。不同的大学英语教师存在着个体上的差异，所以在专业发展和水平上也必然不同。在进行专业引领时，需要考虑不同教师的具体情况，为不同的教师制定与他们相符的方法，从而实现专业引领的合理性与有效性。

（2）专业引领与大学英语教师专业能力发展

由上述分析可知，专业引领对于大学英语教师专业能力的发展非常重要。要实现专业引领，具体可以从如下三个层面着手：

其一，阐述教学理念。大学英语教师的教学行为往往会受教学理念的影响，因此在专业引领中，专家、骨干教师等应该尽可能引导普通大学英语教师熟悉与掌握教学理念，可以采用讲座或者报告等形式。

其二，共同拟订教学方案。当普通大学英语教师掌握了先进的理念后，应与专家、骨干教师共同探讨先进的教学方案。在这一过程中，专家、骨干教师作为引领者，还需要对普通大学英语教师的教学设计提出建议、给予指导，从而让普通大学英语教师的教学设计更为完善。在专家、骨干教师的引领下，普通大学英语教师能够顺利地制订出与教学理念相符的教学方案，并且将这一方案付诸实践。

其三，指导尝试教学实践。当制订完教学方案后，就需要将其付诸实践，从而对教学方案进行验证。在验证时，专家、骨干教师应该参与其中，对教师的教学行为进行记录，从而与具体的方案进行对比，找出差距。在教师结束课程后，专家、骨干教师和普通大学英语教师要进行分析与探讨，对教学方案进行修订，从而使其更完善、更切合实际。

2. 课堂观察

课堂观察是教学过程中最基本的教学方法，通过课堂观察，可以直接了解到学生的学习情况，其中参与课堂观察的教师，不用特指任课教师，也可以是非任课教师。如果采用非任课教师进行课堂观察，则需要制定相对复杂的观察程序，从而保证观察质量的可控性；而采用任课教师进行课堂观察，则比较随意。通常授课教师在进行正常教学的过程中，面对课堂中出现的情况，不能做到实时记录，这时就需要依靠非正式观察方法。通过非正式观察方法，教师能够更好地了解到学生的学习情况及语言使用能力，通过观察，能够了解到学生的兴趣爱好，从而针对学生的需求来制订学习计划和教学内容。除此之外，教师还可以了解到自身教学的有效性，通过课后的信息反馈来及时调整教学策略。

课堂观察属于一种观察方法，也属于一种研究方法或分析方法。教师有意识地观察课堂发生的情况，能进一步对在特殊场景下发生的不确定情况进行分析与解释，提升自身行为的认知与责任心，批判性地反思自身行为，发展自身的自主性意识与独特的行动能力，从而提高自身对教学规律的认识。

所谓课堂观察，是指通过有计划的观察，对课堂的运行情况及一些细节进行分析与记录，从而改进教师的课堂教学与学生的学习。

与一般的观察相比，课堂观察要求观察者有明确的目的，借助观察表、录像设备等，直接或间接地从课堂中收集资料，并且对收集的资料进行研究与分析。

（1）课堂观察的特点

课堂观察是一种科学的教育研究法，与普通的观察相比，课堂观察有着自身的特点，具体分析如下：

①目的性。课堂观察的目的一定要结合教育现象、教育问题来进行考量。在课堂观察过程中，研究者往往需要分析自己进行研究的目的，根据这一目的来进行相应的观察。

②系统性。课堂观察的目的要明确，研究者需要从自己的研究目的出发，选择课堂观察的方法与策略，对整个步骤做出全面的、系统的规划，使观察有计划、系统地开展。

③选择性。首先，研究者需要对观察中的问题进行选择。其次，与普通的日常观察相比，课堂观察更系统、更细致。

（2）课堂观察的步骤

课堂观察一般分为如下三个步骤：

在进行课堂观察之前，首先应明确需要解决的问题，保证观察的针对性；其次，要根据相关问题制订一个计划。一般来说，计划的内容包含时间、地点、方式、课次等。如果条件允许，可从具体的要求出发，对观察者进行专门的培训。

在进行课堂观察的过程中，要采用一定的观察技术手段，从课堂观察之前制定的观察要点与观察量表出发，选择恰当的观察角度与位置，进入观察状态。通过采用不同的记录手段，在技术层面将定性与定量方法相结合。在观察过程中，还需要对典型的行为进行记录，尤其是记下实际情况与自己的思考。

课堂观察结束后，要对记录的资料、收集的材料进行分析与整理。课堂记录的资料分为两种：一种是定量性质的；另一种是定性性质的。这两种资料所采用的分析手段不同，但目的是相同的，即通过系统的分析，对课堂行为间的关系进行了解与把握，解决课堂中存在的实际问题。通过分析与整理，所有参与者共同探讨相关的解决方案。

（3）课堂观察与大学英语教师专业能力发展

课堂观察对于大学英语教师的专业发展有着重要的意义，具体表现为如下四点：

①课堂观察有助于教师专业发展的实践反思。在教学中，教师的专业发展方式是多样化的，有职前的培训，也有在职的学习与培训等。但是，对于教师专业发展的动力而言，归根结底在于教师本身。换句话说，教师专业发展的动力在于教师对自我的分析、对自主的认知及对自我的完善。基于这种内在动机，教师需要为自己制订专业发展计划，确立自己的专业发展目标，从而选择适合自己发展的方法与技巧。因此，努力提升大学英语教师的专业发展意识与能力，是促进其专业发展的根本动力。而这种自我意识的提升关键在于教学实践。对于教师的职业特性来说，这种自我意识集中于教师在课堂观察中的自我反思。

基于课堂观察的自我反思是教师在教学中做出的并能够产生结果的分析与审视。在反思的过程中，教师将自己视作有见解、有理想、有决策能力的人。这样，教师就会对教学行为、教学计划等进行分析与自评。

反思能力的养成是确保教师继续学习的基本条件。在反思中，教师能拓宽自己的专业视野，将自己追求超越的动机激发出来。同时，这种观察不仅有助于教师改进自己的教学实践与教学行为，而且有助于教师不断提升自身的教学水平与教学质量，促进自身的成长。

课堂观察使得教师可以更好地认识课堂生活，也有助于不断激发教师的自我发现、自我设计。通过自己与同事的观察，教师能够不断提升对自我的认识，不断增强自信心与责任感。由此促进教师批判地、系统地分析自己的教学行为与教学水平，发展自己的判断能力，使自己与其他同行之间相互反省与通力合作，解决教学中存在的现实问题。通过课堂观察，教师可以对自己的教学不足加以改进，提升自身的教学水平与教学质量。

②课堂观察有助于加强教师对课堂的驾驭能力。教师只有对教室内发生的教学管理、教学行为等进行全面的、系统的观察，才能真正地将课堂中的各种行为

记录在内心，保证课程顺利地开展，并且获得口头的或者书面的评价资料等。

因此，对于教师来说，课堂观察是理解与解释课堂事件背后的依据，是最为直接的方法，对于教师理解与把握课堂行为，有着极其重要的作用与较高的价值。

教师要想对自己课堂上的表现与行为有清楚的认识，必须进行课堂观察。通过课堂观察、课堂行为的分析，教师能够获得更详细、更多的与自己、与学生相关的反馈。在观察中，教师能够发现自己或者其他教师的问题，清楚地认知自己的教学行为。

另外，在课堂观察之后，教师可以与其他教师进行交流与探讨，对自己的教学行为进行反思，找寻恰当的教学策略，从而积极主动地改进教学中存在的问题。

总之，课堂观察有助于教师对自己的课堂行为、课堂观念有清楚的认识，进而对自己的教学进行自我评价，从而激发自身对专业发展的积极性与兴趣。

③课堂观察有助于教师教学风格的形成。教学风格独特是教师专业发展的一项重要标志。教师教学风格的形成，取决于教师在发展过程中逐渐形成的教育哲学观、实践性智慧等。而教师哲学观、实践性智慧的形成是与课堂观察这一根本基础密切相关的。

长期以来，教学是一门对个人技能予以强调且有着较强独立性的专业，这是教学的专业特性。正是由于这一专业特性的存在，导致教师在经过多年的工作后，往往会形成缺乏反省、自闭的心态，由此产生职业懈怠。

为了保持专业发展的动力，教师有必要请其他教师或者学校领导，对自己的课堂进行观察与督导，主动呈现自己的课堂，供其他同事或者学校领导观察。

作为课堂的观察者，教师通过细致的观察，进行深刻的反思，从而不断形成教学智慧。

作为被观察者，教师可以被观察，说明教师愿意向其他教师或者学校领导敞开自己的心扉。而观察者也因此观察到更真实的层面，从而对教师教学中的问题与行为进行有意义、科学的分析。

在观察者与被观察者的互动中，新的教学理念会不断受到检验，存在于教师心底的"缄默"也会慢慢显露出来。通过观察者与被观察者之间的互动，教师能对自己的教学形成理性的、客观的认识，从而进行有效的调节；对他人提出的观点能进行斟酌与借鉴，最终形成独特的、个性化的教育理念，推动教师教育哲学观的形成与发展，创造出属于教师自身的独特风格。

许多研究证明，教师接受课堂观察反馈后，能更积极地改变对学生的态度及行为，而且更能意识到自身教学的优缺点。因此，课堂观察有利于教师发扬优点，克服缺点，形成独特的教学风格。

④课堂观察有助于提高教师的观察能力。在进行课堂观察时，教师需要面对的是全体学生，需要对当前的情况进行调控与观察，让学生达到最好的状态。同时，教师需要考虑具体的情境，重点观察课堂开展过程中学生存在的一些行为或者某些行为，这样才能全面地把握课堂行为。

教师需要考虑自身教学的实际情况，对重点需要解决的问题进行观察，如可以选择如何有效管理课堂，也可以选择如何提高提问的有效性等。这样课堂的方向就有了一个基本的定位，教师在课堂设计、课堂研究、课堂创造层面就有了清楚的依托，以便更加深刻地理解课堂，更加深入地分析与探讨自己关心的问题，探求解决的方法与技巧，从而切实提升教学的质量与效率。

通过对课堂教学的观察、分析、思考和判断，透过现象分析课堂行为反映的实质问题，教师的观察能力会逐步得到增强。例如，教师对课堂上其他教师提问进行观察，可以通过对教师提问的方式、提问的对象、问题的设计及对学生回答的处理方式等进行反思，探讨提问的有效性、生成性，并且将反思的结果运用到新的课堂情境中。针对课堂观察后的反思再进行实践，经过观察、反思、实践、再观察，反复循环，可以促使广大教师的教育教学研究能力不断提高。

当教师对自己的课堂进行观察时，应该更加注重细节的观察与分析。而当教师对其他教师的课堂进行观察时，除了要观察细节，还要让观察更具有系统性，这才有助于自身及其他教师的成长。

需要指出的是，教师在观察其他教师的课堂时，必须做充足的准备。这样才能从自己的研究目的出发，选择恰当的观察策略与方法，对整个观察过程做出系统的规划，将对细节的观察置于全面的系统中。这样还能在推动学生发展的总体目标下，从教学目标对学生进行相关技能的要求考虑，制定出观察的具体内容，使细节与系统各自成为条件。

3. 教学反思

一位教师写一辈子的教案也不一定成为名师，而一位教师写三年反思就有可能成为名师。众多的理论和实践证明，反思是促进大学英语教师专业发展的一个重要途径。

（1）教学反思的分类

对行动的反思发生在课前对课堂的思考和计划上，或发生在课后对课堂中一切事情的思考上。在行动中反思中，当教师在努力参与教学实践时，通常会针对所面临的问题进行反思并且试图找到问题的解决方法。

反思性实践者要善于从工作环境中提炼问题。问题必须从复杂、疑惑和不确定的问题情境中建构出来。经验的重构过程包括问题的背景和问题的解决两个方面。

（2）教学反思与大学英语教师专业能力发展

要培养具有反思性思维的学生，教师首先得能反思，成为反思型教师。因此，反思性思维的培养成为教师教育需要优先关注的问题。

①促进教师反思性思维的培养。美国哲学家、教育家、心理学家杜威（Dewey）是教育史上第一位论说反思性思维培养的教育家。他认为，培养反思性思维应成为教育的中心目的，"学习就要学会思维"；具备了反思性思维的能力，就能够"将经验到的模糊、疑难、矛盾和某种纷乱的情境转化为清晰、连贯、确定和和谐的情境"，实现有效学习。为此，杜威提出"从做中学"和"从经验中学"的新教育理念。杜威提倡在培养开放性、专心和责任心这些个人品质和特质的基础上，辅以逻辑方法来培养反思。

杜威在反思性思维培养方面所做的具有开创性的贡献使他成为教育界公认的"反思鼻祖"。他把后来学者们的研究引入两个更具体的领域：反思性教学侧重的是培养反思性思维的教学论和教学模型研究；反思性教育则比较宽泛，旨在探讨以培养反思性思维为目的的整个教育设计，反思性教学是其中的一部分。

②推进教师职业化、专业化的需要。美国"反思性教学"思想的重要倡导

人唐纳德·舍恩（Donald Schön）把反思性思维第一次真正、卓有成效地贯彻到了教师的教育领域。不过，他并不是就教师教育角度探讨反思性思维的培养，而是从专业教育与反思性思维培养这样一个角度切入的，教师教育是其中的一个组成部分。

作为专业教育培养的实践者，对教师进行教育不能脱离实践，要联系实践，也就是让他们学会从实践中挖掘、获取行动中的知识，实现途径就是让他们不断地进行行动中的反思，并且在行动中"知道"。怎么理解行动中的知识和行动中的反思呢？行动中的知识大致与我们经常提到的"实践性知识""经验""突发的念头"和"机智"等相同。

科技理性无法解决实践中的多样性、复杂性情境中的实际问题，有时甚至会把事情变得更糟，因此要寻求实践的不确定性、不稳定性、独特性和价值冲突的符号艺术性，以及直觉的实践认识论以取得实证的认识论，这就是"在行动中反思"。一个专业实践者可以做出无数有品质的判断，却无法陈述其判断的原则；可以表现出技巧并运用娴熟，却无法说出其运用的规则和程序，甚至当他有意识地使用以研究为基础的理论和技能时，他依然还是依赖于自身隐含性的确认、判断及熟练的执行方法。这是因为人们的认识通常是缄默的，而缄默存在于实践行动的感悟里。认识在行动之内，而专业实践依赖于行动中的人。"在行动中反思"是一门艺术，即实践者在某些时候和在一些情境中能够很好地处理不确定的、不稳定的、独特的问题与价值的冲突。

反思性思维的培养不与学术水平直接相关，而取决于训练实践艺术。也就是说，反思性思维是训练出来的，而不是教出来的。

（三）提高专业意识

所谓教师的专业发展意识，是指教师按照教师专业化的要求，对自己专业发展过程、目前专业发展状态、未来专业发展规划的系统化、理论化的认识。教师的专业意识是基于教师的自我意识、职业认同、动机的基础上产生与呈现的，其对于教师素质和能力的拓展起着重要的规划与导向作用。

我国的大学英语教师一直被视作学生知识水平发展的工具，其个人专业的发展往往被忽视，因此很多教师也在自己前进的道路上失去了动力与愿望。很多年轻的教师由于教学时间短、缺乏教学经验，也没有过多参与课题研究的机会，因此经过一段时间的教学工作后，往往产生厌烦情绪，这都是自我专业发展意识薄弱的表现。在当前的跨文化教育背景下，大学英语教师应该不断提升自身的专业意识，具体可以从如下三点着手：

1. 理想意识

教师的专业理想推动着教师的专业发展，为教师指明了奋斗的方向。大学英语教师的专业理想作为其基本的职业追求，包含自身对工作的热爱程度与积极性。

如果大学英语教师具备专业理想，他们对自身的教学工作就有认同感，愿意投身于教学工作，为自己的教学事业努力奋斗，并且在教学中不断展现自我、完善自我，以实现自身与社会需要相符。

大学英语教师的专业理想很容易受专业活动是不是自主的、学校是否支持教师等因素的影响。学校作为重要的教学活动场所，其支持与帮助直接影响着教师专业理想的实现。因此，学校应该尽可能地给予教师一定的支持与帮助，从而促进教师的专业发展。

2. 理论意识

专业发展理论是促进教师专业素质与能力拓展的重要理论依据，对教师自身的专业水平有着重要的指导与启发作用。通过学习专业发展理论知识，教师可以不断提升自己的专业意识与能力，了解目前的发展阶段并在此基础上确立具体的成长目标，制订切实可行的方案。

具有自我专业发展意识的教师，他们可以承担自身的责任，从而提升自己的专业水平。他们非常关注自己的专业素质与能力拓展，也会自觉地利用、创造条件，从而更新自己的内在专业结构，提高专业水平。

3. 科研意识

反思能力对于教师的专业素质与能力拓展意义重大。只有当教师认识自身专业素质与能力存在不足时，才能做出合理的规划，从而不断提升自身的专业水平。

　　通过记录专业中的关键事件与自我专业发展保持对话，并且对未来的发展规划进行适当的调整，教师在专业化发展的过程中必有大成。教师能否具有科研意识，决定了教师能否尽自己所能投身于科研活动。也就是说，教师要想从事科研工作，就必须具备科研意识。他们要在思想上对科研有所重视，在理论上不断加强学习，获得科研的理论指导，同时要不断提升自身的问题意识与思考意识等，这样才能真正地投身于科研活动，并且为大学英语教学研究贡献一份自己的力量。

# 参考文献

［1］ 王家华. 文学翻译与大学英语教学研究［M］. 天津：天津科学技术出版社，2023.

［2］ 苏婷婷，董霞，靳慧敏. 互联网背景下的大学英语教学创新研究［M］. 北京：中国书籍出版社，2023.

［3］ 袁园. 信息化背景下的大学英语教学改革研究［M］. 哈尔滨：哈尔滨出版社，2023.

［4］ 彭莉. 大学英语课堂教学与优化策略研究［M］. 北京：北京工业大学出版社，2023.

［5］ 周影，陈典港. 互联网视角下大学英语混合式教学探究［M］. 北京：中国书籍出版社，2023.

［6］ 李燕. 建构主义理论与大学英语写作教学模式研究［M］. 成都：西南交通大学出版社，2023.

［7］ 隆娟，吴炜，赵果巍. 大学英语教学发展探究［M］. 长春：吉林出版集团股份有限公司，2023.

［8］ 崔菁菁. 大学英语教学与模式创新［M］. 哈尔滨：哈尔滨出版社，2023.

［9］ 黄贝贝. 当代大学英语教学研究［M］. 北京：中国书籍出版社，2023.

［10］ 段晓璐. 大学英语教学实践探索［M］. 延吉：延边大学出版社，2023.

［11］ 应慧. 大学英语教学改革研究［M］. 青岛：中国海洋大学出版社，2023.

［12］ 柴纹纹. 应用语言学与大学英语教学研究［M］. 北京：北京工业大学出版社，2023.

［13］王美清，赵芳，陈园园. 大学英语教学理论与实践研究 ［M］. 北京：中国商务出版社，2023.

［14］刘琼. 大学英语教学方法与策略研究 ［M］. 长春：吉林出版集团股份有限公司，2023.

［15］王雅晨. 大学英语教学理论与实践研究 ［M］. 南京：东南大学出版社，2023.

［16］韩静薇，甄智英，周红蕊. 现代信息技术与大学英语教学研究 ［M］. 北京：中国国际广播出版社，2023.

［17］周雪. 多元视阈下的大学英语教学研究 ［M］. 北京：中国商业出版社，2022.

［18］刘潜. 语言学与大学英语教学融合探索 ［M］. 长春：吉林出版集团股份有限公司，2022.

［19］张鸽. 大学英语教学模式创新与发展研究 ［M］. 北京：经济日报出版社，2022.

［20］赵垒. 大学英语教学模式构建与课程改革研究 ［M］. 北京：北京工业大学出版社，2022.

［21］孙晓鸣，张锦娜，张逸洋. 大数据时代大学英语教学模式创新与实践研究 ［M］. 哈尔滨：哈尔滨出版社，2022.

［22］贾芳，王禄芳，刘静. 跨文化视域下的大学英语教学探究 ［M］. 长春：吉林人民出版社，2022.

［23］刘欣. 多模态视角下的大学英语教学模式研究 ［M］. 北京：中国纺织出版社，2022.

［24］郝玲玲，张晶晶，张保峰. 自主学习能力培养视域下的大学英语教学研究 ［M］. 长春：吉林人民出版社，2022.

［25］曲晨晖，叶娜，孙莉莉. 基于网络环境的大学英语教学理论与实践研究 ［M］. 长春：吉林人民出版社，2022.

［26］张慧. 信息化背景下大学英语教学与创新思维研究 ［M］. 北京：中国纺织出版社，2022.

［27］王静. 跨文化交际视域下大学英语教学理论与实践融合研究［M］. 北京：中国书籍出版社，2022.

［28］付素萍. 大学英语教育教学方法研究［M］. 长春：吉林大学出版社，2022.

［29］王丽丽. 大学英语多元互动教学模式探究［M］. 长春：吉林人民出版社，2022.

［30］潘丽. 大学英语教育教学理论与实践研究［M］. 北京：北京工业大学出版社，2022.

［31］成畅. 大学英语教学与课程建设新探索［M］. 长春：吉林人民出版社，2021.

［32］陈细竹，苏远芸著. 大学英语教学模式的革新与发展研究［M］. 长春：吉林人民出版社，2021.

［33］张颖. 多元视角下大学英语教学探索［M］. 北京：现代出版社，2021.

［34］霍瑛. 多文化视域下的大学英语教学［M］. 长春：吉林人民出版社，2021.